PALAVRAS DE PODER

SEGUNDO VOLUME

PALAVRAS
DE PODER

SEGUNDO VOLUME

ENTREVISTAS INSTIGANTES
COM GRANDES MESTRES DO MUNDO

Lauro Henriques Jr.

EDITORA
ALAÚDE

O texto deste livro foi fixado conforme o acordo ortográfico vigente no Brasil desde 1º de janeiro de 2009.

Revisão: Julio de Mattos
Capa: Adaptação sobre capa de Carlo Giovani

Impressão e acabamento: EGB – Editora e Gráfica Bernardi

1ª edição, 2017
Impresso no Brasil

Dados Internacionais de Catalogação na Publicação (CIP)
(Câmara Brasileira do Livro, SP, Brasil)

Henriques Júnior, Lauro
Palavras de poder : segundo volume : entrevistas instigantes com grandes mestres do mundo / Lauro Henriques Jr. -- São Paulo : Alaúde Editorial, 2017.

Bibliografia.
ISBN 978-85-7881-392-5

1. Autoajuda 2. Autoconhecimento 3. Entrevistas 4. Espiritualidade I. Título.

16-08919 CDD-291.4

Índices para catálogo sistemático:
1. Entrevistas : Espiritualidade e autoconhecimento 291.4

2017
Alaúde Editorial Ltda.
Avenida Paulista, 1337, conjunto 11
São Paulo, SP, 01311-200
Tel.: (11) 5572-9474
www.alaude.com.br

A Deus, pelo dom da vida.

A minha mais profunda gratidão a todos e
a cada um dos seres que, de forma imprescindível,
contribuíram para a realização desta obra.

A minha mais profunda gratidão a todos e
a cada um dos seres que, de forma imprescindível,
contribuíram para a realização desta obra.

A palavra é metade de quem a pronuncia, metade de quem a escuta.
Michel de Montaigne

Com as palavras se podem multiplicar os silêncios.
Manoel de Barros

SUMÁRIO

PREFÁCIO

LIVRANDO-SE DA VAQUINHA MAGRELA

Reverenciado como um dos homens mais sábios e bondosos de seu tempo, um velho mestre caminhava há dias com seu discípulo quando, ao longe, avistaram um casebre no alto de uma montanha e decidiram ir até o local para pedir um pouco de água e abrigo para a noite. Porém, chegando lá, depararam-se com uma casinha caindo aos pedaços e, na entrada, um casal e seus três filhos pequenos, todos maltrapilhos e subnutridos. Apesar de toda a miséria, o casal acolheu os visitantes da melhor forma possível, oferecendo-lhes água, parte da pouca comida que tinham e o único quarto da casa para que descansassem. Grato pela receptividade, o sábio ancião perguntou: "Vejo que vocês são pessoas boas e honradas, mas como conseguem sobreviver num local tão pobre e afastado?". "O senhor vê aquela vaquinha? É graças a ela que estamos vivos", respondeu o chefe da família. "Mesmo sendo tão magrinha, todo dia ela nos dá leite para beber e fazer um pouco de queijo. E, quando sobra, trocamos o leite por alimentos na cidade. Se não fosse por ela, já estaríamos mortos", completou o homem, e todos foram dormir.

No outro dia, os visitantes agradeceram a hospitalidade e partiram. Eles já haviam caminhado por alguns minutos quando, ao passar por um precipício que margeava a estrada, o sábio parou e disse ao discípulo: "Volte até a casa, pegue aquela vaquinha magrela e jogue-a neste abismo". O aprendiz ficou atônito: "Mestre, mas a vaca é o sustento daquela família; sem ela, eles vão morrer...". Mas de nada valiam seus argumentos. O ancião apenas o fitava, em silêncio, até que o aluno se calou e, inconformado, fez o que lhe fora mandado.

Vários anos se passaram, mas o pensamento sobre qual teria sido o destino daquela gente não deixava de atormentar o discípulo. Um dia, então, no ápice do remorso, ele decidiu voltar ao local para pedir perdão àquelas pessoas. Porém, chegando lá, encontrou um cenário que o deixou ainda mais culpado. Em vez do casebre em ruínas, havia um lindo sítio no lugar, com uma casa enorme, piscina e vários empregados. O aprendiz pensou: "Pobres coitados, se não morreram, certamente foram obrigados a vender sua terra e devem estar mendigando em algum canto". Em seguida, ele se dirigiu a um homem que, robusto e bem vestido, parecia ser o dono do sítio, perguntando se ele sabia o paradeiro da família que vivia ali. Então, para seu espanto, o sujeito respondeu: "Ora, claro que sei, somos nós mesmos".

Na hora ele reconheceu o homem, assim como a mãe e seus filhos, que, em vez da trupe maltrapilha de antes, agora eram três jovens fortes e uma mulher linda e bem cuidada. Pasmo, ele disse ao antigo anfitrião: "Mas o que aconteceu? Há alguns anos, estive aqui com meu mestre, e este lugar era uma miséria só. Como conseguiram progredir tanto?". Ao que o sorridente fazendeiro respondeu: "Tínhamos aquela vaquinha que nos dava nosso sustento, mas, no dia em que vocês partiram, ela caiu no desfiladeiro e morreu. No começo, achamos que íamos morrer de fome. Mas, diante da necessidade, todos nós tivemos que encontrar alguma atividade nova para ganhar a vida e, com isso, acabamos descobrindo talentos que nem sonhávamos ter. E o resultado é esse que você vê".

A história dessa família e sua vaca é uma metáfora perfeita para algo que, de uma forma ou de outra, é uma realidade para quase todos nós: o modo como, sem consciência, passamos a vida nos apoiando em alguma vaquinha magricela. Uma vaquinha que pode se manifestar em relação às mais variadas questões que enfrentamos na vida: a falta de realização profissional; a incapacidade de viver um amor de verdade; o apego diante da perda de um ente querido; a dificuldade em aceitar a si mesmo e aos outros; e por aí vai. É raro encontrar alguém que, em algum momento, não tenha ficado preso à sua vaquinha, achando que aquilo era o máximo a que teria direito na vida, em vez de buscar maneiras novas e mais gratificantes de viver.

Nesse sentido, assim como o mestre da história acima, a intenção deste livro é ajudar você a se livrar de toda e qualquer vaquinha magrela que ainda esteja presente em sua vida. Para tanto, aqui estão reunidas entrevistas com alguns dos principais nomes da espiritualidade e do autoconhecimento no Brasil e no mundo atualmente. Há anos, cada uma dessas pessoas tem exercido enorme influência na vida de milhares de outras que, ao entrar em contato com os ensinamentos aqui reunidos, conseguiram transformar definitiva e positivamente as suas vidas. Assim, em vez da história pessoal de cada entrevistado, o livro busca trazer a essência da sabedoria para a qual essa pessoa foi um canal de transmissão. Na verdade, mais do que pensamentos, o que você encontra aqui são caminhos, são novas possibilidades de ser e de se colocar no mundo.

Há várias formas de ler esta obra. Você pode seguir a ordem em que as entrevistas aparecem no livro; pode começar pelas pessoas com as quais já tem alguma afinidade; pode iniciar com aquelas que, de repente, nunca ouviu falar. A escolha é sua. O importante é que você se permita saborear cada entrevista sem pressa, como se estivesse na presença de um velho amigo que não vê há muito tempo e, você sabe, irá lhe contar coisas surpreendentes.

Ao final de cada entrevista, há dois tópicos destacados: "Melhor de três" e "Mesa-redonda". O primeiro se refere a três temas específicos respondidos por todos os entrevistados, permitindo uma visão global desses temas. Já no tópico "Mesa-redonda", você acompanha uma conversa entre as próprias pessoas entrevistadas: cada uma delas gentilmente elaborou uma pergunta que foi respondida por outra.* No fundo,

* *No fim do livro, você também encontra um apêndice com a mesa-redonda completa. Porém, sugiro que, antes de ler essa parte, você leia todas as entrevistas.*

esse espírito de diálogo reflete uma ideia que perpassa todo o livro, a de que somos todos iguais, que estamos aqui uns para ajudar os outros, para que cada um de nós possa se livrar de sua vaquinha magrela e, com isso, despertar e manifestar o seu ilimitado potencial de criatividade, liberdade, amor e alegria.

LAMA SURYA DAS

O BUDA QUE RI

No zen-budismo, conta-se que, certo dia, um dos samurais mais poderosos do Japão, famoso por seu temperamento violento, procurou um sábio monge atrás de instrução. O guerreiro foi logo dizendo: "Monge, quero que me ensine tudo sobre o céu e o inferno!". Então, simulando o maior desprezo, o franzino mestre disse: "Ensinar a você sobre céu e inferno? Era só o que me faltava! Olhe para si mesmo: você fede, está imundo, até a lâmina de sua espada está enferrujada. Você é uma vergonha para a estirpe dos samurais. Suma daqui!". O samurai ficou furioso e, na hora, tremendo de tanto ódio, ergueu sua espada, já se preparando para decepar a cabeça do ancião insolente. "Pois isso é o inferno", disse o mestre serenamente. E o guerreiro ficou estupefato, totalmente imóvel. Aquele sábio homem, por pura compaixão, havia arriscado a própria vida para lhe ensinar algo. O samurai, então, foi baixando a espada lentamente, cheio de gratidão e reverência pelo mestre. "E isso é o céu", completou o monge com um sorriso.

Como se fosse uma das encarnações desse sereno mestre budista, Lama Surya Das – que significa "Servidor do Sol" – também ensina que não há nada como céu e inferno, mas que nossa realidade nasce a partir de nosso interior, de nosso estado de consciência. Aos 65 anos, ele é hoje um dos principais nomes do budismo no Ocidente, sendo chamado de "o Lama americano" pelo Dalai Lama, que o considera um de seus conselheiros. Famoso por traduzir os preceitos do budismo tibetano numa linguagem moderna, simples e bem-humorada, já publicou mais de dez livros, muitos deles *best-sellers* mundiais.

Nascido em uma família judaica americana – seu nome original é Jeffrey Miller –, Lama Surya Das passou mais de 30 anos em estudos e retiros com alguns dos grandes mestres do Oriente, incluindo os professores do próprio Dalai Lama. Nos EUA, fundou o Dzogchen Center, com vários centros pelo país, onde transmite os princípios da tradição Dzogchen, palavra que, no budismo tibetano, quer dizer "Grande Perfeição", referindo-se ao que seria a nossa verdadeira natureza. Como ele afirma: "O coração de Buda está vivo em cada um de nós. É só uma questão de despertamos para ele, de acordar para quem nós realmente somos".

GOSTARIA DE COMEÇAR COM ALGO DITO POR UM ANTIGO VIZINHO SEU, O ESCRITOR HENRY DAVID THOREAU, NO LIVRO *WALDEN*: "UM HOMEM É RICO EM PROPORÇÃO AO NÚMERO DE COISAS QUE É CAPAZ DE DEIXAR TRANQUILAS". ESSA FRASE ME LEMBRA DE OUTRA DO FILÓSOFO GREGO

EPICURO, EM QUE ELE DIZ QUE "O MAIOR BENEFÍCIO DA AUTOSSUFICIÊNCIA É A LIBERDADE". O SENHOR CONCORDA COM ELES?

Concordo totalmente. Aliás, eu amo Thoreau. Sempre digo que ele e o escritor Ralph Waldo Emerson, que foi uma espécie de mentor de Thoreau, são os primeiros budistas americanos. O trabalho dos dois gira em torno de virtudes como a simplicidade e a humildade, o amor e o respeito, não apenas pelos seres humanos, mas por todas as criaturas e o meio ambiente. E a autossuficiência citada por Epicuro, o saber contentar-se com o que se tem, liga-se a tudo isso. Todas essas são virtudes atemporais, virtudes importantíssimas para que, em meio à transitoriedade da existência, nós saibamos apreciar o milagre da vida. É essencial nos lembrarmos de que não estaremos aqui para sempre; isso nos ajuda a apreciar a beleza da vida, em cada momento.

Nesse sentido, sobretudo nesses tempos de excesso de informação, é fundamental desacelerar de vez em quando, para estar em contato com o que é atemporal, eterno, e não apenas com aquilo que vem e vai. A sabedoria, hoje, é um recurso natural ameaçado de extinção, é algo que precisa ser preservado e desenvolvido. Essa sabedoria atemporal, que Aldous Huxley chamava de "filosofia perene", está presente em todas as tradições religiosas, assim como na filosofia e nas artes ao longo dos tempos. Não se trata de sofismas e teorias, é uma sabedoria de vida, prática, transformadora, de como sermos mais felizes e realizados, individual e coletivamente, pois não há separação.

EM RELAÇÃO A ISSO, ME LEMBRO DE UM FILME CHAMADO *UM DIA SEM MEXICANOS*, UMA COMÉDIA EM QUE O ESTADO DA CALIFÓRNIA ENTRA EM CAOS QUANDO, CERTO DIA, TODOS OS LATINOS DESAPARECEM MISTERIOSAMENTE; OS AMERICANOS, ENTÃO, PERCEBEM QUE SEMPRE DESPREZARAM JUSTAMENTE AQUILO QUE MANTINHA AS SUAS VIDAS FUNCIONANDO. ISSO É SÓ FICÇÃO OU, DE FATO, NÓS DEPENDEMOS COMPLETAMENTE UNS DOS OUTROS?

Nós somos todos completamente interdependentes. Por exemplo, mesmo que uma pessoa viva sozinha, se ela toma banho, usa o banheiro ou bebe um copo d'água, é porque os funcionários das empresas de água e esgoto estão trabalhando para isso. Se comemos algum alimento, é porque ele foi preparado, cultivado, entregue ou vendido por alguém. Não é à toa que, no zen-budismo japonês, antes das refeições se faz uma prece em gratidão: "Agradecemos a todas as mãos e a todos os seres que nos trouxeram este alimento". Nem sabemos quem são todos esses seres, pois, além de quem preparou a comida, há as pessoas da entrega, os comerciantes, os agricultores, a própria natureza, enfim, as muitas mãos que nos trouxeram esse alimento. Essa é uma maneira de agradecer e de acolher a interconexão que serve a todos nós, de reconhecer que não há felicidade real sem os outros.

Mas, claro, o fato de sermos totalmente interconectados não significa que temos que ser completamente dependentes. É essencial que haja autonomia dentro da interdependência. Este é o caminho da sabedoria: o caminho da colaboração, da cooperação, do compartilhar, do dar e receber. Uma coisa que o mestre zen vietnamita Thich Nhat Hanh chama de "inter-ser". É um conceito muito bonito, o de que nós "inter-somos", nós coexistimos.

AGORA, COM TODA ESSA INTERCONEXÃO, MUITAS VEZES TEMOS QUE LIDAR COM ATITUDES QUE CONSIDERAMOS OFENSIVAS POR PARTE DOS OUTROS, COMO SE FITÁSSEMOS A CARA FEIA DA VIDA. QUANTO A ISSO, MUITAS DIVINDADES NO BUDISMO TIBETANO SEMPRE SE MANIFESTAM EM DOIS ASPECTOS: A MESMA DEIDADE PODE SER PACÍFICA OU PODE SER IRADA, TUDO DEPENDE DO NÍVEL DE CONSCIÊNCIA DO DISCÍPULO. NESSE SENTIDO, COMO FAZER PARA VER O "BUDA PACÍFICO" NAS HORAS EM QUE A VIDA NOS MOSTRA A SUA CARA FEIA?

Essa é uma questão importante, que toca em vários aspectos. Primeiramente, um dos ensinamentos no budismo é o de que não há nenhuma coisa inequivocamente boa ou ruim, existe apenas o desejado e o indesejado. Ou seja, tudo é subjetivo. Por exemplo, para os defensores da eutanásia, o ato de facilitar a morte de um idoso que está desenganado e sofrendo muito é algo mais compassivo do que manter essa pessoa viva por meio de aparelhos; nesse sentido, mesmo abreviar a vida, para eles, pode ser a ação mais compassiva. De novo, nada é bom ou ruim, há apenas aquilo de que você gosta e aquilo de que não gosta. E o que nos irrita nos outros, o que nos deixa com **raiva**, são justamente as coisas de que não gostamos. Assim, o que eles fazem, de fato, não importa tanto quanto o modo como nos relacionamos com isso. Esse é o ponto principal.

A razão para a sua raiva está sempre dentro de você. (Leon Tolstói, escritor russo)

Quando você não gosta de algo que alguém fez e se irrita com isso, deve controlar conscientemente essa raiva, deve inserir o instrumento da consciência entre o estímulo indesejado e a sua resposta a ele. Você pode até sentir raiva, mas não vai reagir violentamente, como as pessoas que se enfurecem, xingam e brigam no trânsito. Ao trazer a consciência, você processa a raiva internamente, escolhendo a melhor forma de expressá-la. Com isso, em vez de ter uma reação cega e automática, você tem uma resposta inteligente, construtiva, ou não tem resposta nenhuma.

OU SEJA, A QUESTÃO NÃO É TANTO A RAIVA EM SI, MAS O MODO DE EXPRESSÁ-LA, O QUE FAZEMOS COM ELA?

Lembrando a sua pergunta anterior, no budismo tibetano há uma vasta iconografia de divindades pacíficas e iradas. Essas divindades são arquétipos, representações simbólicas de nosso estado de consciência. Enquanto as deidades pacíficas personificam os arquétipos das emoções positivas, as iradas manifestam os aspectos ferozes e protetores de nossa luz espiritual interior. Por exemplo, se vemos uma criança correndo atrás de uma bola em direção à rua, não dizemos baixinho: "Menino, por favor, venha para cá". Nós gritamos: "Menino, sai daí!". Pois essa é a hora da divindade irada. Ela é a ira protetora, e não uma raiva nascida do ego. Como a história de Jesus ao expulsar os vendilhões do templo; ela ensina que existe, sim, o momento da ira justa. São princípios como esse que, há milênios, nos ensinam como transformar emoções potencialmente nocivas em mecanismos positivos de proteção.

Nesse sentido, em vez de dizer que sentimentos como raiva e medo são ruins, é preciso entender o que eles têm a nos ensinar. Nada é preto ou branco, há todo um espectro de cores. O que é ruim aqui pode ser bom ali. Por exemplo, na comida, o arsênico pode ser um veneno; mas ele também é usado como remédio na medicina. Então, ele é bom ou ruim? Depende. O modo como usamos uma coisa é que determina se ela é útil ou prejudicial, se vai gerar um bom carma ou um carma ruim. Emoções como o medo e a raiva também têm sua sabedoria, sua inteligência emocional; temos que nos **abrir** para o que elas vêm ensinar, pois, em essência, são tão divinas quanto sentimentos como o amor e a misericórdia.

Tudo aquilo que não queremos ver, tudo aquilo de que fugimos, tudo que negamos, denegrimos ou desprezamos serve para nos derrotar no final. O que parece desagradável, doloroso, mau pode tornar-se uma fonte de beleza, alegria e força, se confrontado com uma mente aberta. Cada momento é um momento de ouro para quem tem a capacidade de reconhecê-lo como tal.
(Henry Miller, escritor americano)

E COMO ENXERGAR A "DIVINDADE POSITIVA" EM EVENTOS QUE, EM GERAL, VEMOS COMO INFORTÚNIOS? POR EXEMPLO, MUITOS CONDENAM A INVASÃO CHINESA NO TIBETE, EM 1959; MAS FOI POR CAUSA DELA QUE GRANDES MESTRES ESPIRITUAIS TIBETANOS, QUE ATÉ ENTÃO VIVIAM ISOLADOS EM MOSTEIROS, TORNARAM-SE CONHECIDOS NO OCIDENTE, ESPALHANDO SUA SABEDORIA PARA A HUMANIDADE INTEIRA.

Como diz Shakespeare, em *Hamlet*: "Nada em si é bom ou mau; o pensamento é que o faz assim". O Dalai Lama afirma que um lado positivo dessa situação é que, com a invasão chinesa, a sabedoria que estava represada nos Himalaias, há séculos, fluiu para o resto do mundo. O budismo tibetano também se tornou mais moderno e democrático, com igualdade de gênero. De novo, não é o que acontece com você, mas o que você faz disso que determina o seu carma, o seu destino. E isso se aplica a toda sorte de dificuldades por que passamos na vida, como uma doença, uma demissão, um **acidente**, a perda de um ente querido. O modo como lidamos com a situação é que vai fazer toda a diferença, entre ser uma vítima ou um mestre.

Nenhum acidente é tão desventurado que o sábio não possa tirar dele alguma vantagem, e nenhum é tão auspicioso que o tolo não possa voltá-lo contra si mesmo. (Bruce Lee, ator e mestre em artes marciais nascido nos EUA)

Por exemplo, algumas pessoas descobrem que têm câncer, ou Aids, e ficam deprimidas, se afundam na bebida, causam um transtorno enorme para a família. Já outros conseguem transformar toda essa dificuldade, todo esse "esterco" em adubo. Como no caso do escritor judeu Elie Wiesel, ganhador do Nobel da Paz; ele era uma criança quando sofreu os horrores de Auschwitz, mas, em vez de ser consumido pela dor, dedicou sua vida a ajudar o próximo, transformando a dor em adubo para a sua transmutação espiritual. Várias pessoas que tiveram câncer relatam como a doença mudou sua vida, que largaram um emprego estressante, que passaram a estar mais com a família, que nunca sentiram tanto amor. Tudo porque elas souberam renascer, aprenderam a virtude da adversidade, que se pode crescer por meio da perda, do sofrimento, enfim, que a adversidade tempera o espírito.

AGORA, UMA QUESTÃO É QUE MUITO DO NOSSO SOFRIMENTO AINDA VEM DAS EXPECTATIVAS QUE FAZEMOS EM RELAÇÃO AOS OUTROS OU ÀS COISAS, NÃO É?

Sem dúvida, expectativas e apego. Estamos sempre esperando que as coisas sejam desta ou daquela maneira; e, pior, queremos que elas permaneçam assim, que nunca mudem. Tudo muito bonito, exceto por um detalhe: nós nos esquecemos de examinar a própria natureza da vida – nada permanece da mesma maneira por muito tempo, tudo muda. Assim, enquanto vivenciamos algo bom, é importante saber apreciar e agradecer pelo que se tem. Mas, quando chegar a hora, também é preciso saber desapegar, deixar a coisa passar. É essencial prestarmos atenção em nossas expectativas e apegos. Como disse um sábio budista: "Nenhuma expectativa, nenhuma decepção".

Não podemos culpar ninguém quando nos decepcionamos; nossas expectativas é que são decepcionantes, não as pessoas. Claro, o outro pode fazer algo errado, isso é do ser humano. No fundo, porém, nosso sofrimento vem de não aceitarmos que as coisas mudem, que elas não sejam do jeito que queremos. A pessoa diz: "Por que você parou de me amar?". O outro responde: "Não sei, ainda gosto de você, mas não te amo mais, sinto muito". As coisas mudam, as paisagens mudam, a sociedade muda, enfim, tudo muda, nada permanece o mesmo. Temos que conviver com essa verdade e apreciar a sua beleza. William Blake tem um verso sublime sobre isso: "Aquele que se deixa prender por uma Alegria / Rasga as asas da vida; / Aquele que beija a Alegria enquanto ela voa / Vive no amanhecer da Eternidade". Ou seja, quando o pássaro da vida está em sua mão, não tente apertá-lo; apenas o aprecie e, então, deixe-o voar, simples, graciosamente.

ISSO ME LEMBRA DO QUE O SENHOR DIZ, QUE "A SIMPLICIDADE É O GRANDE CAMINHO", QUE, PARA DESPERTAR O BUDA INTERIOR, PRECISAMOS SER SIMPLES E NATURAIS.

Nós nos iludimos achando que é preciso fazer algo espetacular, que isto ou aquilo é que é especial. Na verdade, cada momento é especial – não se trata de buscar um

No budismo, o ciclo incessante de morte e renascimento, do qual o indivíduo só se liberta ao alcançar o nirvana.

nirvana após a morte, mas o *nirvana* aqui mesmo, em meio ao ***samsara***. Não existe tal coisa como escuridão, há apenas mais ou menos luz; as sombras não são nada além de luz, esse é um princípio muito profundo. Isso não significa que a vida seja só maravilhas. Há dores, sofrimentos terríveis, como a perda de um filho. Mas a vida continua. A pessoa não esquece o filho; mas perdoa, deixa ir, e segue em frente. Há tantas alegrias na vida. E, mesmo que você não esteja feliz, ainda assim deve ser grato, simplesmente por estar vivo, por ter outros por quem se alegrar. É o que em iídiche se diz *kvell*: deleitar-se com a alegria do outro. Ou o que, no budismo, chamamos de *mudita*, a alegria altruísta, da empatia, em que estamos felizes porque o outro está feliz. Nós nos alegramos com a alegria do outro; é um tipo de prática, um modo de lidar com o mundo que nos torna mais **felizes**.

Aqueles que não estão procurando por felicidade são os mais prováveis de encontrá-la, pois aqueles que estão se esquecem de que o caminho mais certo para ser feliz é buscar a felicidade para os outros. (Martin Luther King Jr., pastor e ativista político americano)

Ao mesmo tempo, assim como participamos da alegria do outro, vamos aprendendo a participar de suas tristezas. A empatia é o caminho da compaixão. Nós sentimos o que o outro sente e somos impelidos a ajudar. Com isso, vamos nos tornando pessoas melhores, menos egoístas. Em vez de nos preocuparmos apenas em como ganhar a vida, nós cuidamos de construir uma vida com significado, com consciência.

NESSE SENTIDO, EM SEU LIVRO *THE MIND IS MIGHTIER THAN THE SWORD* [A MENTE É MAIS PODEROSA QUE A ESPADA]*, O SENHOR FALA DE SEIS PILARES PARA A CONSTRUÇÃO DE UMA VIDA ESPIRITUALIZADA. QUAIS SERIAM ELES?

* *Livro ainda sem tradução em português.*

O primeiro é ter uma prática espiritual diária, seja ela qual for: meditação, yoga, canto, oração, etc. O segundo é se dedicar a alguma forma de estudo espiritual, de reflexão, como a leitura dos livros sagrados ou de obras sobre espiritualidade. O terceiro é ter algum trabalho de crescimento interior: fazer terapia, escrever um diário, dedicar-se a alguma atividade criativa, como a **poesia**. O quarto pilar trata da importância do trabalho em comunidade, de fazer parte de grupos de meditação, de círculos de oração, alguma atividade espiritual em grupo. O quinto é buscar receber ensinamentos de professores, mestres, de nossos anciãos e orientadores. Por fim, o sexto pilar é o *seva*, que, em sânscrito, quer dizer "serviço"; é o voluntariado, o trabalho de caridade. O *seva* é definido por: servir a Deus servindo a humanidade – é a compaixão em ação.

Aos homens foi dado e concedido que possam servir-se da realidade para vislumbrarem a verdade. Para denominar esse fato e essa licença, a língua criou a palavra "poesia". (Thomas Mann, escritor alemão)

Esses são os seis pilares de uma vida espiritualizada. E, mesmo que a pessoa não pratique todos os seis, se ela incorporar ao menos um em seu cotidiano, verá uma transformação completa em sua vida. A questão é usar cada um desses pilares de forma realmente consciente. Não adianta irmos à igreja e chamar isso de prática de grupo se lá só ficamos pensando em nossos investimentos ou reparando nas pessoas ao lado. Para que a espiritualidade seja transformadora, temos que estar envolvidos, temos que assumir a nossa **responsabilidade** em relação a nós mesmos, ao planeta e à vida.

A única decisão verdadeiramente ética é cada um tomar para si a responsabilidade por sua própria existência. (Bill Mollison, ecologista australiano, um dos criadores da Permacultura, sistema holístico voltado para a criação de uma vida sustentável)

QUANTO À IMPORTÂNCIA DE ASSUMIR AS NOSSAS RESPONSABILIDADES, HOJE EXISTE ATÉ UM MOVIMENTO CHAMADO "BUDISMO ENGAJADO", QUE PREGA QUE OS ENSINAMENTOS ESPIRITUAIS NÃO VALEM NADA SE NÃO FOREM

APLICADOS NA VIDA DIÁRIA. O SENHOR MESMO JÁ ESCREVEU ALGO NESSA LINHA: "NÃO HÁ INDIVÍDUOS ILUMINADOS, HÁ APENAS AÇÕES ILUMINADAS". PODE FALAR SOBRE ISSO?

Cada um de nós é uma célula no grande corpo da vida. Se uma célula estiver doente, pode envenenar o todo; mas, se estiver saudável, pode fazer com que a célula que lhe é próxima fique saudável. Nesse sentido, cada pequena coisa que fazemos importa. Por exemplo, se digo que quero salvar o meio ambiente, o fato de jogar ou não lixo na rua tem tudo a ver com isso; o fato de usar exageradamente essas garrafas ou sacos de plástico, que só geram lixo, tem tudo a ver; o fato de eu queimar muito combustível fóssil por causa da minha preguiça, por só andar de carro, é parte disso. O buraco na camada de ozônio, a poluição, as guerras por causa de petróleo; nós também somos responsáveis por isso, e não apenas a pessoa em Washington. Ou seja, a questão não é apenas falar sobre espiritualidade ou ecologia, mas agir em conformidade com isso. Eu nunca vou ser iluminado se minha ação não é iluminada; precisamos ser ativamente engajados com a vida.

FOCANDO EM UM TIPO ESPECÍFICO DE AÇÃO ILUMINADA, O SENHOR AFIRMA QUE TODOS NÓS DEVERÍAMOS DAR VÁRIAS "RAPIDINHAS" AO LONGO DO DIA. COMO É ISSO?

É isso mesmo: vamos dar muitas rapidinhas, em vez de poucas longas. E o que é uma rapidinha? Uma rapidinha é isto: uma meditação instantânea, de apenas um minuto – mas feita várias vezes ao longo do dia. É um ensinamento que aprendi com meus mestres tibetanos, que recomendavam fazer muitas repetições, mesmo que de curta duração. A meditação não é uma questão de duração, mas de qualidade. Assim, em vez de esperar para meditar só na próxima semana, ou quando tiver 30 minutos disponíveis, dê uma rapidinha agora mesmo, onde quer que esteja. É simples: faça uma respiração profunda, relaxe, sorria, por um minuto apenas – depois siga com seu dia. Pode ser enquanto se espera numa fila, parado no sinal de trânsito, no banheiro, não importa; sempre que se lembrar, dê uma rapidinha. Essa é uma prática poderosíssima.

O segredo é este: repetição; um pouco a cada dia, um pouco a cada hora. Por exemplo, eu sou um grande admirador do sufismo, a vertente mística do Islã. E, assim como a maioria dos muçulmanos, os sufis param cinco vezes ao dia para rezar; param o que estiverem fazendo e oram. É a prática da repetição, da presença constante com o sagrado. Ou seja, está sem tempo para meditar? Tome um minuto, dê uma rapidinha; dê várias rapidinhas ao longo do dia. Este é o desafio: integrar a espiritualidade na vida diária. Fazer de qualquer lugar um local sagrado, estar na catedral da natureza, da floresta, em vez de ficar esperando até ir à igreja ou ao **templo**. Deus está em toda parte. Não podemos nos esquecer disso.

Todo o universo é um templo – o céu a cúpula imensa,
Os astros – lampas de ouro no espaço a cintilar,
A ventania – é o órgão que enche a nave extensa,
Tu és o sacerdote da terra – imenso altar.
(Castro Alves)

JÁ QUE MENCIONOU OS SUFIS, ASSIM COMO ELES, O SENHOR TAMBÉM É FAMOSO POR SER UM BOM CONTADOR DE HISTÓRIAS. QUAL É A SUA NARRATIVA ESPIRITUAL PREFERIDA?

Eu adoro uma história sobre o grande iogue tibetano Milarepa, que viveu há quase mil anos nas montanhas do Tibete. Ele tinha vários discípulos, mas o principal se chamava Gampopa. Certo dia, Milarepa teve um sonho, indicando que Gampopa deveria partir para estabelecer a ordem Kagyu, uma das escolas do budismo tibetano. Assim, após anos de aprendizado, chegara o momento de Gampopa partir. E ele sabia que nunca mais veria seu mestre – além de se tratar do Tibete ancestral, sem coisas como carro ou avião, Milarepa já tinha bastante idade. Então, na hora do adeus, Gampopa caminhou algumas vezes em torno de Milarepa, curvando-se repetida e reverentemente, e, em seguida, partiu, sendo acompanhado por Milarepa até um riacho, onde eles se separaram.

Gampopa já seguia seu caminho quando ouviu Milarepa chamar: "Ei, Gampopa, ainda tenho um último ensinamento para você!". O discípulo ficou todo contente, esperando pela derradeira instrução. Milarepa, então, virou de costas, levantou seu manto e mostrou as nádegas para o aluno! Eram nádegas cheias de calos, duras como um casco, de tanto ele meditar no chão duro das cavernas. E o mestre disse: "Você vê? Apenas faça isso". Ou seja, é como nas parábolas de Jesus, o ensinamento está todo ali: se fizer esforço suficiente, também ficará com as nádegas assim, isto é, também ficará iluminado. Se não se esforçar, de que adianta? Ter um manto amarelo ou raspar a cabeça não adianta nada. É preciso mudar a nossa mente, o nosso comportamento, e não o nosso estilo de cabelo ou de roupa.

MELHOR DE TRÊS

O FILÓSOFO FRIEDRICH NIETZSCHE* DIZIA QUE UMA ESPÉCIE DE ORAÇÃO DE CADA PESSOA AO INICIAR O DIA DEVERIA SER UM PENSAMENTO DO TIPO "HOJE VOU DAR ALEGRIA A ALGUÉM". EM SUA OPINIÃO, QUAL DEVE SER A ORAÇÃO DE CADA PESSOA PARA COMEÇAR O DIA?

Como budista, geralmente acordo com a aspiração do *bodisatva*: "Que eu seja um instrumento para a felicidade e a iluminação de todos os seres, que eu esteja a serviço da paz, da sabedoria, que este seja um dia de despertar e harmonia para todo o mundo". É um compromisso, o voto do *bodisatva*: que estejamos a serviço da felicidade e da iluminação de todos os seres. Outra boa forma de oração para começar o dia é acordar como um iogue – a pessoa toma bastante fôlego e, enquanto ergue as mãos e os olhos para o alto, solta um longo: "Aaahhh". É um modo de despertar e elevar o nosso *prana*, a nossa energia vital. Agora, o mais desafiador é permanecer desperto ao longo de todo o dia. É preciso acordar a cada momento. Quanto mais desperta uma pessoa é, mais ela funciona como um despertador, acordando outras pessoas.

O QUE É UMA PESSOA VIRTUOSA?

Como diz a "regra de ouro" – "Faça aos outros aquilo que gostaria que fizessem a você" –, uma pessoa virtuosa é aquela que está em integridade consigo mes-

---

* *Cf. aforismo 589, em* Humano, demasiado humano *(Companhia das Letras).*

ma e com o seu entorno; não apenas com as outras pessoas, mas com tudo o que a cerca: com todos os seres, visíveis e invisíveis, e também com o meio ambiente, o cosmos. É alguém que é fiel a seu verdadeiro eu, sem fingimentos. Enfim, uma pessoa virtuosa é uma pessoa íntegra, que busca viver em autenticidade, naturalidade e simplicidade.

ATÉ HOJE, QUAL FOI O SEU MAIOR APRENDIZADO NA VIDA?

Acredito que tenha sido este: viver de forma verdadeira. Isso tem a ver com o que acabei da falar, sobre autenticidade, naturalidade e simplicidade; é viver a partir do coração, e não apenas da cabeça, do ego; é ter consciência de que precisamos uns dos outros, de que somos todos interconectados; é saber que podemos amar até mesmo aqueles de quem não gostamos ou com quem não concordamos. O amor é muito maior do que gostar ou não gostar, que são coisas da personalidade. O amor é divino, é incondicional. Esse é um grande aprendizado que tem me servido muito na vida.

MESA-REDONDA

Amit Goswami pergunta:

"LAMA SURYA DAS, DENTRO DA NOVA VISÃO DE MUNDO QUE ESTÁ EMERGINDO COM A FÍSICA QUÂNTICA, QUAL ASPECTO DO BUDISMO TIBETANO O SENHOR GOSTARIA QUE A CIÊNCIA ABORDASSE E BUSCASSE ELUCIDAR A PARTIR DE UM PONTO DE VISTA QUÂNTICO?"

Prezado Amit, agradeço pela gentileza de sua pergunta. Penso que um aspecto que gostaria de ver analisado pela física quântica seria o grande mistério de *sunyata*, uma palavra que pode ser traduzida, mesmo que imperfeitamente, por "vazio" – o vazio que constitui a realidade última, o vazio da não diferenciação, de onde tudo surge. Esse é um ponto central do budismo tibetano, e seria muito interessante saber como os físicos quânticos articulam esse mistério de *sunyata*, de modo que possamos compreender melhor essa natureza intangível e, ao mesmo tempo, tão vívida da realidade, de algo que vai muito além do dualismo entre o real e o irreal.

PARA SE CONHECER

Sites:

www.surya.org

www.dzogchen.org

Livros:

O despertar do buda interior, de Lama Surya Das (Rocco)

De agora em diante uma pessoa diferente, de Lama Surya Das (Rocco)

JEAN-YVES LELOUP

AS SEMENTES DA CONSCIÊNCIA

Em uma das belas histórias contadas pelo mestre indiano Osho, ficamos sabendo de um encontro entre o pintor Vincent Van Gogh e um homem indignado com o estilo de pintura do artista holandês. O motivo da revolta, segundo Osho, era porque "Van Gogh sempre pintava as árvores tão grandes que elas iam além das estrelas". E o tal homem, incomodado com a imensidão dos arvoredos, perguntou: "Mas por que você pinta árvores tão descomunais? Que maluquice é essa?". Ao que Van Gogh, sorrindo, respondeu: "Eu sei, meu amigo, elas são imensas. Mas é que existe uma coisa da qual você não se dá conta. As árvores são os anseios da Terra para transcender as estrelas. Eu estou pintando os anseios, não as árvores. Na verdade, não importa se elas alcançam as estrelas ou não. Eu pertenço à Terra, sou parte dela e compreendo seus anseios. E o anseio da Terra, expresso através das árvores, é este: ir além das estrelas".

Um anseio que parece ter sido compreendido perfeitamente pelo francês Jean-Yves Leloup, para quem as árvores, a natureza e toda sorte de eventos por que passamos na Terra são instrumentos de transcendência rumo ao Ser superior. Padre ortodoxo, doutor em psicologia, filosofia e teologia, ele é um dos precursores da psicologia transpessoal, é o fundador do Colégio Internacional dos Terapeutas (CIT) e, com o educador e psicólogo francês Pierre Weil, ajudou a criar a Universidade Internacional da Paz (Unipaz), que nasceu no Brasil e hoje está presente em vários países. Aos 66 anos, já publicou mais de 50 livros, incluindo as traduções comentadas que fez de evangelhos apócrifos como os de Tomé e de Maria Madalena.

Pertencente à tradição do cristianismo ortodoxo, herdeiro das práticas e do pensamento dos primeiros sacerdotes cristãos, os chamados "padres do deserto", Jean-Yves Leloup parece ressoar a voz de uma consciência que pede para ser ouvida. Como ele afirma: "Nós escutamos o barulho do carvalho que cai, mas não escutamos o barulho da floresta que cresce. Hoje, fala-se muito das coisas que estão desmoronando, que fazem barulho, mas o mais importante é aquilo que não se ouve; é preciso prestar atenção às sementes de consciência que estão brotando".

O SENHOR TRANSMITE MUITOS DE SEUS ENSINAMENTOS COM UMA LINGUAGEM BEM POÉTICA, COMO NESTE TRECHO DO LIVRO *A SABEDORIA DO SALGUEIRO*, EM QUE DIZ: "É DAS PROFUNDEZAS / DE SUAS RAÍZES / NO ESCURO / QUE A ÁRVORE BUSCA SUA FORÇA E /

SEU IMPULSO PARA GALGAR AS ALTURAS / E SE MANTER ERETA / NA LUZ". QUER DIZER ENTÃO QUE UM PRÉ-REQUISITO PARA SE "GALGAR AS ALTURAS", PARA SE ALCANÇAR A LUZ, É JUSTAMENTE FAZER UM MERGULHO NA SOMBRA?

Sim, é um erro achar que podemos ir em direção à luz sem, ao mesmo tempo, encontrar a nossa sombra. Quanto mais luz, mais sombra; não há dia sem noite, não há topo de montanha sem o fundo do vale. A questão é saber como manter os dois unidos. Nosso objetivo não deve ser nem a luz, nem a sombra, mas o que contém tanto a luz quanto a sombra. Como no símbolo do Tao, a luz está na sombra, e a sombra está na luz, elas não se misturam, mas fazem parte de uma única realidade. Para estarmos verdadeiramente em um caminho de inteireza, é preciso amar a nossa luz, mas também amar a nossa sombra; só assim podemos experimentar algo que está além da luz e da sombra, além dos contrastes e dos contrários.

NESSE SENTIDO, QUANDO CRISTO DIZ "NÃO RESISTAS AO MAL", PODE-SE ENTENDER COMO UMA INSTRUÇÃO PARA PRESTAR ATENÇÃO À SOMBRA, PARA ENCARAR O MAL QUE HÁ EM NÓS, SEM NEGAÇÃO, COMO FORMA DE TRANSCENDÊ-LO?

Sim. Há também outra parábola que fala sobre isso, quando Jesus ensina que é preciso deixar a boa semente de trigo crescer junto do joio. Porque, na hora certa, o joio será descartado; mas, se tentarmos arrancar o joio muito cedo, existe um grande risco de, junto, se arrancar o trigo também. Nesse sentido, por exemplo, não se trata apenas de arrancar a raiva de dentro de nós, pois há uma grande energia dentro da raiva; a questão é como fazer toda essa energia se tornar uma força criadora, e não destruidora.

AINDA NA ESFERA DAS PROFUNDEZAS, QUAL É A IMPORTÂNCIA DE NOS PERGUNTARMOS ACERCA DE NOSSAS PRÓPRIAS RAÍZES? QUAL É O PAPEL DA ANCESTRALIDADE – CONSIDERANDO O QUE ELA TEM DE AUTÊNTICO, MAS TAMBÉM DE ASPECTOS CONDICIONADOS – PARA A CONSTRUÇÃO DE NOSSA VERDADEIRA IDENTIDADE?

Essa é uma pergunta muito importante, pois nosso ser é composto de toda sorte de memórias, e nós só conseguimos nos libertar daquilo que conseguimos aceitar. Para que possamos nos libertar de qualquer herança negativa, é preciso, antes, aceitá-la. Na verdade, quando falamos de ancestralidade, isso vai muito além da história familiar. Existe a herança familiar, que vem de nossos pais; a herança transgeracional, que vem de nossos ancestrais mais distantes; a herança cultural, que vem da sociedade em que crescemos; e há também a herança do cosmos, do universo ao qual pertencemos. O homem não é apenas filho de seus pais, ele é filho das estrelas, da Terra, de toda a existência. Em nosso corpo, há memórias do Big Bang e de estrelas antigas que nos habitam; existe em nós a memória do **universo**.

Queres conhecer-te a ti próprio, Olha no mundo para todos os lados. Queres conhecer o universo, Olha em todas as tuas próprias profundezas. (Rudolf Steiner, escritor e espiritualista austríaco, criador da Antroposofia)

Porém, talvez devêssemos ir ainda mais fundo e reencontrar em nós a memória do Ser que nos faz ser, a memória da própria origem da vida, pois essa origem atravessa tudo o que existe, o cosmos, a sociedade, nossos ancestrais, nossos pais. E, muitas vezes, ficamos fechados apenas em nosso nível de realidade, num nível bem específico de memória. É muito importante mergulhar além de todas essas memórias, rumo à fonte da própria Vida e da Consciência, que se pode chamar de Deus, ou de algum outro nome, mas que é a fonte mesma de nosso ser, a origem do cosmos e de tudo o que há.

OUTRA CITAÇÃO SUA DE QUE GOSTO BASTANTE DIZ: "A ÁRVORE NÃO SE PREOCUPA EM AGRADAR, 'EM SER UM NINHO PARA A ÁGUIA OU PARA A POMBA'. ELA É O QUE ELA É". NÓS, PELO CONTRÁRIO, VIVEMOS PREOCUPADOS EM AGRADAR AOS OUTROS, EM CONSEGUIR A SUA APROVAÇÃO. COMO LIDAR COM ESSA PRAGA DA NECESSIDADE DE APROVAÇÃO?

Ter necessidade de aprovação dos outros é um claro sinal de insegurança, de imaturidade. Se alguém está seguro de si mesmo, não fica preocupado com a aprovação dos outros. A pessoa é o que ela é, sem fantasias ou depreciações. Quando nós nos conhecemos de verdade, sabemos que não somos tão maravilhosos quanto os outros possam dizer, mas também sabemos que não somos tão terríveis quanto possam falar. Na verdade, damos ao outro o direito de pensar o que quiser sobre nós. Isso é um sinal de grande maturidade: quando não ficamos orgulhosos por causa de um elogio que recebemos, nem ficamos arrasados ao **ouvir** algo desagradável sobre nós. Nesse caso, somos como um diamante, que, por mais que se tente, ninguém consegue riscar.

Quem ouve do mesmo modo um louvor ou uma calúnia e não se deixa alterar quando honrado ou desonrado [...] diz-se então que tal pessoa é transcendental aos modos da energia material. (Trecho do *Bhagavad Gita*, um dos textos clássicos do hinduísmo, parte do poema épico *Mahabharata*)

LEMBRANDO AGORA UMA ÁRVORE BEM FAMOSA, O LIVRO DO *GÊNESIS* CONTA COMO ADÃO E EVA, DESOBEDECENDO A DEUS, COLHERAM O FRUTO DA ÁRVORE DO BEM E DO MAL, SENDO EXPULSOS DO JARDIM DO ÉDEN POR CAUSA DISSO. QUAL É O SENTIDO SIMBÓLICO DESSA PASSAGEM?

No Jardim do Éden, temos duas árvores: a árvore da vida e a árvore do conhecimento do bem e do mal. Na verdade, elas se referem a dois modos distintos de conhecimento. A árvore do bem e do mal é a árvore do conhecimento "ego-centrado": eu chamo de bom aquilo que me agrada e chamo de mau aquilo que não me agrada. É quando só vejo as coisas em relação a mim mesmo, a meus próprios parâmetros, ou seja, de acordo com as memórias daquilo que eu considero bom e daquilo que considero mau. Essa é uma maneira de conhecimento dualista, que, em última instância, só vai nos conduzir ao sofrimento.

Já a árvore da vida é a árvore do conhecimento "teo-centrado": é quando, ao ver uma pessoa, eu não a vejo em relação a mim mesmo, mas a vejo a partir de Deus, do Ser que a faz ser. Quer essa pessoa me agrade, quer não, o Ser a faz existir, ela é amada pelo Ser; eu não devo projetar nela minhas atrações e minhas repulsas. É isto que é a árvore do bem e do mal: ela é a árvore da atração e da repulsa, da dualidade. A **árvore da vida** não conhece separação, ela é a árvore da serenidade, que dá ao outro o direito de ser aquilo que ele é. Quando, nos Evangelhos, Jesus diz "Não julgue", ele quer nos fazer passar da árvore do conhecimento dualista, onde a maioria de nós se encontra, para a forma de conhecimento "teo-centrado",

Cinza é toda teoria, mas verde, meu amigo, é a cor da árvore da vida.
(J. W. Goethe, escritor, poeta e pensador alemão)

que não julga, que não separa, que apenas é: com tudo aquilo que é, e com Aquele que cria tudo aquilo que é.

JÁ QUE FALAMOS DO LIVRO DO *GÊNESIS*, QUAL É A IMPORTÂNCIA DE PRESTARMOS ATENÇÃO AO QUE ESTÁ NO INÍCIO, NA GÊNESE DE CADA UM DE NOSSOS ATOS OU PENSAMENTOS?

Essa é a prática da meditação em si. Porque, na meditação, vemos o pensamento aparecer e o vemos desaparecer. Tudo o que aparece é feito para desaparecer. E o mesmo se dá em relação às nossas emoções: elas tomam todo o nosso corpo, todo o nosso psiquismo, e, em seguida, desaparecem. A grande questão é despertar em nós a testemunha dessa alternância permanente entre atração e repulsão, agradável e desagradável, bom e ruim. Existe algo em nós que está muito além dessas dualidades. E o fato de prestarmos atenção aos nossos pensamentos, ao modo como eles nascem e desaparecem, é que vai nos permitir estar atentos àquilo que, em nós, não nasce nem morre. Os pensamentos aparecem e desaparecem, mas a consciência não; a consciência permanece, independentemente daquilo que aparece e desaparece.

BOM, MAS, NO CASO ESPECÍFICO DE ALGUMAS COISAS QUE VÊM DESAPARECENDO, O AMBIENTALISTA BRASILEIRO CHICO MENDES JÁ DISSE: "NO COMEÇO, PENSEI QUE ESTIVESSE LUTANDO PARA SALVAR AS SERINGUEIRAS, DEPOIS PENSEI QUE ESTAVA LUTANDO PARA SALVAR A FLORESTA AMAZÔNICA. AGORA, PERCEBO QUE ESTOU LUTANDO PELA HUMANIDADE". E O SENHOR TAMBÉM ALERTA: "PODEMOS CAIR

SOB O MACHADO DE NOSSO PRÓPRIO DESEJO. ONDE COMEÇA O LENHADOR? ONDE TERMINA A ÁRVORE?". NESSE SENTIDO, O QUE ESTÁ POR TRÁS DESSA DERRUBADA CRIMINOSA E SUICIDA DE ÁRVORES, QUE SEGUE A TODO VAPOR?

Antes de qualquer coisa, precisamos nos lembrar de que as árvores podem viver sem nós, mas nós não podemos viver sem elas. Não podemos nos esquecer disso: quando destruímos a natureza, estamos destruindo a nós mesmos. Por trás de toda essa destruição do meio ambiente, há, sobretudo, muita ignorância, bestialidade. Mas talvez haja também outra causa ainda mais profunda, que é o medo; o medo de encarar o nosso sentimento de falta – o que se reflete nessa ânsia de ganhar dinheiro, numa tentativa de suprir a falta de ser pela superabundância do ter. Porém, nós podemos ter muitas e muitas coisas, mas, se o ser faltar, permanece o sentimento de falta. Nesse sentido, podemos destruir florestas e mais florestas, rios e mais rios, que, no fim, teremos apenas perdido a nossa própria consciência, a nossa própria vida. É preciso escutar a **natureza**, a seiva que está nas árvores, é ela que conhece a sabedoria.

Deixe que a Natureza seja o Teu mestre. [...] Um impulso vindo do bosque primaveril Pode te ensinar mais a respeito do homem, Do mal e do bem moral, Do que todos os sábios poderão fazê-lo. (William Wordsworth, poeta inglês)

E QUAL É A VISÃO DOS PADRES DO DESERTO, OS PRIMEIROS SACERDOTES CRISTÃOS, ACERCA DO QUE ESTARIA NA RAIZ DA INFELICIDADE HUMANA?

Para os padres do deserto, a raiz da infelicidade humana é o esquecimento do Ser; o esquecimento do Ser que nos faz ser, o esquecimento da Consciência que nos torna conscientes. E o que seria a experiência do deserto? A experiência do deserto é a experiência de nossa própria fragilidade, a consciência de que não podemos estar vivos sem o dom da Vida. O deserto é também um lugar onde vemos melhor a luz; nada consegue se esconder no espaço vazio. Aliás, esta é uma das etimologias da palavra Deus: *De-us* que, em latim, também quer dizer *di-es*, que, por sua vez, significa "o dia" – essas palavras têm a mesma raiz em latim; ou seja, ver o dia é ver Deus.

Acontece que nós vemos muito bem as coisas que se manifestam de dia, mas não vemos o próprio dia; nesse sentido, podemos morrer sem nem ter chegado a ver o dia. E o que os antigos sacerdotes buscavam no deserto era justamente isso: ver o dia; ver o espaço, mais do que as coisas que estão no espaço. Mas eu acredito que podemos ver tudo: as coisas que estão no espaço e, ainda, o espaço que contém todas as coisas, o visível e o invisível, Deus e a criação.

OS PADRES DO DESERTO, MAIS QUE APENAS RELIGIOSOS, TAMBÉM SÃO CHAMADOS DE TERAPEUTAS DO DESERTO, POR SEU PROFUNDO CONHECIMENTO DA ALMA HUMANA. E UM FENÔMENO QUE PODE SER IDENTIFICADO EM VÁRIAS LINHAS DA PSICOLOGIA CONTEMPORÂNEA, COMO A TERAPIA TRANSPESSOAL, É A INTEGRAÇÃO DO CAMPO DA ESPIRITUALIDADE COM O TRABALHO TERAPÊUTICO. NESSE SENTIDO, É POSSÍVEL CUIDAR DA MENTE SEM CUIDAR DO ESPÍRITO? E VICE-VERSA, É POSSÍVEL CUIDAR DO ESPÍRITO SEM CUIDAR DA MENTE, DOS ENTRAVES PSICOLÓGICOS?

O conhecimento de si sem o conhecimento do *Self* nos conduz ao desespero; e o conhecimento do *Self* sem o conhecimento de si nos conduz a um estado de ilusão. O conhecimento psicológico, como o de nossas motivações e hipocrisias, pode nos conduzir ao desespero se não nos abrirmos à dimensão espiritual, à dimensão não psíquica, não mortal de nosso ser. Entretanto, há o mesmo perigo em relação à espiritualidade. Se a pessoa busca o conhecimento do Absoluto sem, ao mesmo tempo, buscar conhecer a si mesma de um ponto de vista psicológico, corre um grande risco de ser conduzida a muitas ilusões, pois, na verdade, a espiritualidade se manifesta através de nossa psicologia; o invisível se manifesta através do **visível**.

Tudo o que é visível deve se expandir para além de si mesmo, até penetrar no âmbito do invisível. Desse modo alcança sua verdadeira consagração e clareza, enraizando-se firmemente na ordem cósmica. (Trecho do hexagrama *O caldeirão*, no clássico chinês *I Ching – o livro das mutações*)

Por exemplo, a música não depende do trompete, mas, se o trompete estiver um pouco quebrado, o som não será bom. Daí a importância de trabalhar esse trompete. Agora, não adianta nada ter um trompete maravilhoso se ninguém soprar nele. Assim, de que adianta ser bem equilibrado, ter boa saúde física e psíquica, se o Sopro do Espírito não nos habita? Ao mesmo tempo, para que serve o Sopro do Espírito, se não há um bom trompete para recebê-lo?

EM RELAÇÃO AO SOPRO, O SENHOR TAMBÉM FALA BASTANTE DA RESPIRAÇÃO COMO UM INSTRUMENTO PODEROSO DE CONTATO COM O SAGRADO. COMO É ISSO?

Na tradição dos padres do deserto, damos muita atenção à respiração. Quando falamos de exercício espiritual, falamos de exercícios pneumáticos, respiratórios – tanto em hebraico quanto em grego, o *pneuma*, que no cristianismo chamamos de Espírito Santo, refere-se ao Sopro. Nos **Evangelhos**, quando Jesus fala com a samaritana sobre a oração "em espírito e verdade", o texto original é *en pneumati kai aletheia*, que quer dizer em "sopro" (*pneuma*) e "vigilância" (*aletheia*) – ou seja, ele fala na necessidade de se estar vigilante, atento ao sopro, à respiração. Porque, quando estamos atentos ao nosso sopro, isso nos traz para o momento presente. Nesse sentido, é a arte da atenção ao instante. Se presto atenção à minha respiração, se consigo acalmá-la, é um sinal de que a mente encontra-se calma também.

Jesus lhe disse: "Mas vem a hora, e é agora, na qual os verdadeiros adoradores adorarão o Pai em espírito e verdade; tais são, com efeito, os adoradores que o Pai procura. Deus é espírito, e por isso os que o adoram devem adorar em espírito e verdade". (*Evangelho Segundo João*, 4, 23)

Prestar atenção à respiração também nos leva ao que é mais essencial em nós, pois nossa vida depende apenas de um sopro. Essa consciência do sopro que nos atravessa acaba nos levando à própria fonte do Sopro, que é a fonte da Vida; é um meio muito poderoso de estar em comunhão com o Ser que nos faz ser. Não à toa, para os antigos, rezar é respirar. Porque no sopro existe a própria presença de Deus que nos dá a vida. Como lemos no livro do *Gênesis*, Ele insuflou na argila "o hálito da vida". Nossa respiração é o alento de Deus em nossa matéria.

A PARTIR DO QUE O SENHOR FALOU, QUE "REZAR É RESPIRAR", QUAL É O SENTIDO PROFUNDO DESTA QUE É A PRINCIPAL "RESPIRAÇÃO" DO CRISTIANISMO, A ORAÇÃO DO PAI NOSSO?

O Pai Nosso nos revela as profundezas dos desejos do homem e do desejo de Deus no homem. Que o nome do Ser seja honrado e santificado, que o reino do espírito esteja em nós, ou seja, que sejamos livres em relação a todos os outros reinos, todos os pequenos tiranos exteriores ou interiores que nos manipulam – "Venha a nós o Vosso reino" significa pedir realmente essa libertação de nosso ser. Quando rogamos a Deus que "seja feita a Vossa vontade", é a hora em que devemos nos interrogar a respeito daquilo que, de fato, o melhor em nós quer de nós: o que o Amor quer de nós; o que a Consciência quer de nós. Já quando pedimos pelo "pão nosso de cada dia", estamos rogando pelo pão supersubstancial, ou seja, aquilo que nutre não somente o nosso corpo carnal, psíquico ou intelectual, mas também alimenta o nosso corpo espiritual; aquilo que nutre em nós o sentido da eternidade – aliás, aqui vale um parêntese: o alimento desse corpo espiritual talvez seja justamente o silêncio...

Bom, mas, seguindo com a oração, chegamos à frase "Perdoai [...] assim como nós perdoamos", em que se manifesta toda a importância do perdão. Enquanto não tivermos perdoado, a vida não pode circular em nós. É muito importante encontrar em nós essa capacidade de perdão. Não se deixar envenenar pelo rancor, pelo julgamento, por todas as coisas que não perdoamos em relação aos outros e, ainda, em relação a nós mesmos.

QUE TALVEZ SEJA UMA DE NOSSAS MAIORES "TENTAÇÕES", NÃO É?

Sim, e a oração vai terminar justamente com este pedido, de não nos deixar "cair em tentação", de não sermos levados pelas provações, de sermos libertados do perverso. Na expressão do Pai Nosso – "livrai-nos do mal" –, o texto em grego traz a palavra *poneron*, que, muitas vezes, é traduzida por "mal" ou "ruim", mas talvez seja algo mais grave que isso. A palavra *poneron* significa "o perverso"; trata-se do poder da perversão em nós, um poder muitas vezes inconsciente, mas que destrói até mesmo as coisas mais belas. Nós rogamos para que sejamos libertados desse poder de destruição que nos habita; não apenas em nós, mas também no mundo.

É por tudo isso que, entre os antigos, recitar o Pai Nosso era considerado um legítimo medicamento. Por exemplo, caso se acreditasse que uma pessoa estivesse possuída, se ela conseguisse dizer o Pai Nosso do início ao fim, era uma prova de que não podia estar possuída, pois se tratava da própria oração do Filho de Deus nela. Através dos tempos, o Pai Nosso permanece como um medicamento extremamente valioso, na medida em que nos orienta rumo ao essencial, que nos redireciona, nos centra naquilo que é o mais importante.

AGORA, LEMBRANDO A IMPORTÂNCIA DAS PARÁBOLAS NO CRISTIANISMO, EM SUA OPINIÃO, QUAL HISTÓRIA RESUMIRIA O ENSINAMENTO DE QUE MAIS PRECISAMOS HOJE EM DIA?

Seriam muitas histórias... Mas uma que considero bastante valiosa é a que fala sobre duas mulheres e os bichos de estimação de cada uma delas. A primeira mulher tinha um leão maravilhoso e fazia de tudo para cuidar dele da melhor maneira. Como ela era vegetariana, todos os dias oferecia-lhe o melhor maço de cenouras que encontrava; afinal, para ela, era o alimento mais saudável que havia. Resultado: o leão morreu de fome. Já a outra mulher tinha um coelhinho, que ela amava; e, como ela adorava carne, todos os dias, com o maior zelo, preparava deliciosas costeletas de cordeiro para o animalzinho. E, claro, o coelho acabou morrendo de fome também.

Na nossa vida, muitas vezes, é exatamente assim: damos ao outro aquilo que pensamos ser o melhor para ele, mas, no fundo, ele acaba não recebendo nada – pois aquilo que demos não correspondia, de fato, às suas necessidades, à sua fome. É sempre um pouco perigoso achar que sabemos o que é bom para o outro. Nesse sentido, essa história nos lembra da importância da escuta, de saber escutar as diferenças, pois o mundo só é possível se respeitarmos essas diferenças. No fundo, a parábola ensina que só a boa vontade não é suficiente; ensina que não se trata apenas de amar, mas de amar de maneira inteligente. Hoje vivemos numa civilização de aquecimento central e luz elétrica. Porém, ninguém se aquece junto à luz elétrica, assim como não se ilumina com um aquecedor. Nós temos necessidade de luz e de calor. Nesse sentido, precisamos reencontrar a chama; a chama que é luz e calor. É essa a chama que se menciona no dia do Pentecostes. É a chama do coração inteligente, a chama da inteligência do coração.

MELHOR DE TRÊS

O FILÓSOFO FRIEDRICH NIETZSCHE DIZIA QUE UMA ESPÉCIE DE ORAÇÃO DE CADA PESSOA AO INICIAR O DIA DEVERIA SER UM PENSAMENTO DO TIPO “HOJE VOU DAR ALEGRIA A ALGUÉM”. EM SUA OPINIÃO, QUAL DEVE SER A ORAÇÃO DE CADA PESSOA PARA COMEÇAR O DIA?

A oração do Pai Nosso, que é a prece por meio da qual, todos os dias, podemos renovar a nossa relação com o Ser que nos faz ser. Por meio do Pai Nosso, nós rogamos a Deus para realizar o que pode haver de melhor: o reino da liberdade, o reino do amor, o pão do alimento supersubstancial, o reino do perdão. É realmente pedir para que o mundo se torne melhor, para que nós nos tornemos seres melhores. E não apenas pedir, mas fazê-lo. Viver a partir do melhor de nós mesmos, sermos dignos de nossa prece.

O QUE É UMA PESSOA VIRTUOSA?

A palavra virtude vem do latim *virtus*, que quer dizer "força". Nesse sentido, uma pessoa virtuosa é aquela que tem energia para fazer o bem, é alguém cuja energia é orientada rumo ao melhor.

ATÉ HOJE, QUAL FOI O SEU MAIOR APRENDIZADO NA VIDA?

Foi o aprendizado da paciência, palavra que tem a mesma etimologia da palavra "paixão". Assim, quando falamos da paixão de Cristo, falamos de sua paciência; de sua paciência em relação a todos os seres que, necessariamente, não pensam nem amam como ele. É uma grande paciência... Mas, nessa paciência, há também uma grande paz. Nesse sentido, é a própria paciência da natureza, que deixa florescer todos os tipos de árvores, toda sorte de seres e animais diferentes; animais que, mesmo se devorando entre si, a Terra os acolhe a todos.

A existência é como uma mãe, ela carrega filhos muito diferentes. E, como uma mãe, por vezes se entristece pelo fato de seus filhos não se compreenderem mutuamente. Porém, talvez seja justamente por causa desse afrontamento de uns com os outros que, um dia, eles finalmente aprenderão a crescer; isso, claro, se não se destruírem antes. De novo, a lição da **paciência**; se ela for compreendida, talvez eles aprendam verdadeiramente a se amar.

Cada vez acho tudo uma questão de paciência, de amor criando paciência, de paciência criando amor. (Clarice Lispector, em *Aprendendo a viver*)

MESA-REDONDA

Dom Laurence Freeman pergunta:

"DE QUE FORMA NÓS PODEMOS COMUNICAR A IMPORTÂNCIA DO SILÊNCIO POR MEIO DE PALAVRAS, POR MEIO DO PENSAMENTO?"

Se eu digo que conheço Deus, eu sou um mentiroso.
Se eu digo que não conheço Deus, eu sou um mentiroso.
O que fazer?
Eu não posso falar, eu não posso me calar!
Permanece o símbolo ou o poema, uma palavra que não toma o lugar do silêncio, mas que o evoca ou o conclama...
"Tudo aquilo que pode ser ensinado não vale a pena ser aprendido"; uma boa nova não se ensina, ela deve ser cantada; ela não é para ser aprendida, ela deve ser meditada.
Nossas palavras valem apenas pelo silêncio de onde elas vêm e para onde elas conduzem; elas não apagam, através de respostas, "a brasa" de uma questão "que ainda está queimando", elas sopram sobre as brasas...
"Não se preocupem com aquilo que irão dizer...". É o Espírito Santo que dá às palavras seu alento de silêncio e de vida...

PARA SE CONHECER

Site:
www.jeanyvesleloup.com
Livros:
A arte da atenção – para viver cada instante em sua plenitude, de Jean-Yves Leloup (Verus)
Caminhos da realização, de Jean-Yves Leloup (Vozes)

SUSAN MILLER

ALTO ASTRAL

Nascida com uma rara doença que atacava o sistema circulatório da perna esquerda, cerca de duas vezes por ano uma menina americana sofria ataques com dores excruciantes, como se escorresse óleo fervendo por sua perna, deixando-a de cama por semanas a cada crise. Os médicos, perplexos, não faziam ideia do diagnóstico. Então, prestes a completar 14 anos – idade em que sua mãe, perita em astrologia, dissera que a moléstia seria descoberta –, a garota teve seu acesso mais terrível, que só acabou na mesa de cirurgia, quando, finalmente, se achou a causa do mal. Mas, agora, dependente de muletas e andadores, a dúvida da menina era se um dia voltaria a andar. Assim, ela escreveu a uma revista de horóscopos, para que, ao fazer seu mapa astral, lhe dissessem qual seria seu destino – ela não achava que a mãe lhe diria a verdade se o prognóstico fosse negativo. Para sua surpresa, a carta saiu na revista, e, numa análise cheia de termos técnicos – que sua mãe lhe traduzia –, a astróloga dizia que sim, ela caminharia de novo. Foi a senha para que, na hora, a garota decidisse que iria entender, por si mesma, a linguagem dos astros.

Dito e feito. Após anos de aprendizado intensivo com a mãe, eis que a curiosa menina responde hoje pelo nome de Susan Miller, a astróloga mais *pop* do mundo. Criado em 1995, seu *site* Astrology Zone® contabiliza nada menos que 18 milhões de *page views* mensais, sendo que 90% deles ocorrem no primeiro dia do mês, quando ela publica as previsões daquele mês para os 12 signos do zodíaco. Sua lista de fãs inclui várias celebridades, como a atriz Cameron Diaz, e milhares de brasileiros, mesmo o conteúdo do *site* sendo em inglês.

Com formação em administração e na faixa dos 50 anos – ela não revela a idade –, Susan ganhou fama pelo detalhismo de suas interpretações no *site*, que chegam a ter até dez páginas para cada signo. Além do *site*, seus livros e as colunas publicadas em revistas de vários países já fizeram muitos céticos olharem com outros olhos para a astrologia. "O escritor americano Ralph Waldo Emerson tem uma frase que é a minha favorita: 'Nada de grandioso jamais foi realizado sem entusiasmo'", diz Susan. "E a astrologia é isto, uma ferramenta que nos ajuda a ter entusiasmo na vida, que nos ajuda a seguir o fluxo do universo, em vez de ir contra ele."

AO FALAR SOBRE A ASTROLOGIA, O PSICANALISTA SUÍÇO C. G. JUNG DISSE: "SEM DÚVIDA, SEU VALOR PSICOLÓGICO É INEXORÁVEL, POIS REPRESENTA A SOMA DE

TODO O CONHECIMENTO PSICOLÓGICO DA ANTIGUIDADE". NESSE SENTIDO, COMO A ASTROLOGIA PODE NOS AJUDAR A TER UM MELHOR CONHECIMENTO DE NÓS MESMOS E DE NOSSO PAPEL NA VIDA?

Antes de qualquer coisa, é preciso entender que a astrologia não tem nada a ver com adivinhação ou predestinação. A astrologia é tão antiga quanto a civilização, tendo nascido na Babilônia, por volta do ano 2500 a.C., e se trata essencialmente do estudo matemático dos ciclos planetários e dos ângulos que os planetas formam entre si. É pura geometria; são 90 graus aqui, 60 graus ali, 180 graus acolá. O que os astrólogos fazem é usar a geometria para analisar a interação entre os astros. É como se estivéssemos numa festa, com os planetas, o sol e a lua, observando o modo como essas "pessoas" interagem umas com as outras e o que suas conversas ou brigas podem ter a ver com nossa vida em particular.

Nos espaços infinitos [...] encontramos imagens e signos que nos permitem desvendar os mistérios mais profundos. São formados pelas constelações e pelas estrelas. [...] E essas figuras resplandecentes são as letras com as quais o Altíssimo criou o céu e a Terra. (Trecho do *Zohar*, obra essencial do misticismo judaico, conforme citado no livro *Alquimia & misticismo*, de Alexander Roob)

A partir da compreensão dessa dinâmica planetária, descobrimos quais áreas de nossa vida estão sujeitas a sofrer expansão ou algum impedimento. Ou seja, a astrologia é uma ferramenta de planejamento, algo que nos indica a melhor forma de agir em determinado momento da vida. Ela nos ajuda a lidar de forma mais efetiva com as demandas do dia a dia, assim como com as questões mais **profundas** de nossa psicologia, pois o mapa astral do nascimento é um reflexo de nossa personalidade e do nosso modo de abordar a vida. Segundo o próprio Jung: "Nós nascemos em um determinado momento, em um determinado lugar, e, assim como as safras de vinho, nós temos as qualidades do ano e da estação em que nascemos".

AGORA, MESMO NÃO SE TRATANDO DE PREDESTINAÇÃO, SUAS INTERPRETAÇÕES CONQUISTARAM UMA BOA REPUTAÇÃO ENTRE SEUS LEITORES POR CAUSA DE SUA PRECISÃO, SENDO QUE MUITAS PESSOAS CHEGAM ATÉ A PROGRAMAR TODO O MÊS A PARTIR DA PREVISÃO PARA AQUELE PERÍODO. COM ISSO EM MENTE, GOSTARIA QUE COMENTASSE ESTA FRASE DE SÃO TOMÁS DE AQUINO: "AS ESTRELAS INFLUENCIAM, MAS NÃO DETERMINAM".

Como Shakespeare também disse: "Os astros impelem, mas não compelem". Ou seja, mesmo com a influência dos planetas, o modo como as coisas vão acontecer, em última instância, depende só de nós. Todos temos o nosso livre-arbítrio. Não adianta nada eu ver algo em seu mapa astral se você não tomar uma atitude em relação a isso. Por exemplo, você pode ter a mais cintilante das conjunções planetárias em um dado momento, mas, caso decida não ter um papel ativo na situação, talvez nada aconteça. Da mesma forma, talvez você esteja sob uma influência das mais estressantes, mas, se busca encontrar soluções para lidar com os obstáculos que vai encarar, pode superar toda essa conjuntura desfavorável. A astrologia indica as tendências de um determinado período, ela não adivinha o destino de ninguém. Nós somos os responsáveis por todas as nossas escolhas e ações, assim como pelos frutos que vamos colher delas.

EM RELAÇÃO A ISSO, ALGO PERIGOSO E QUE SE VÊ MUITAS VEZES É QUE AS PESSOAS ACABAM USANDO A ASTROLOGIA COMO UMA FORMA DE NÃO ASSUMIR AS PRÓPRIAS RESPONSABILIDADES

NA VIDA, DEIXANDO PARA OS ASTROS FAZEREM AS ESCOLHAS QUE DEVEM SER FEITAS POR ELAS MESMAS. VOCÊ CONCORDA?

Certamente. Algumas pessoas fazem isto, elas usam a astrologia como uma muleta, deixando que os astros tomem as decisões por elas, delegando sua **responsabilidade** aos planetas. Mas, como eu disse, a astrologia é uma ferramenta de planejamento, e é assim que deve ser usada. A pessoa sempre deve estar no comando de sua vida, assumindo a responsabilidade por todos os seus atos. Os planetas não nos obrigam a fazer coisa alguma. Acredito que a razão de a Igreja ter se oposto à astrologia na Idade Média tenha sido o fato de que, naquele tempo, as pessoas eram muito pouco esclarecidas. Por exemplo, imagino que, na época, você até ouvisse alguém dizer: "Ah, foi Mercúrio retrógrado que me fez roubar meu vizinho" ou "Foi Saturno que me fez **trair** minha esposa", algo nessa linha. Mas não existe esse tipo de coisa. Cada um de nós tem responsabilidade por suas decisões e pelo modo como vai aproveitar as oportunidades da vida.

Nesse sentido, sempre digo que, quando o momento é propício, é preciso você jogar uma grande rede, para que possa apanhar todas as oportunidades. Por exemplo, se o mapa mostra que você está num ótimo momento em relação ao campo profissional, você tem que ficar de olho em todas as oportunidades. Se um amigo quiser lhe contar sobre um novo negócio, ou um caçador de talentos estiver querendo falar com você, não é hora de dizer "Ah, não posso, estou muito ocupado"; você tem que se encontrar com es-

Responsabilidade, n. Uma carga removível facilmente transferida para os ombros de Deus, do Destino, da Sorte ou de algum vizinho. Nos dias da astrologia era habitual descarregá-la em uma estrela. (Verbete do *Dicionário do diabo*, de Ambrose Bierce, escritor satírico americano)

Quando as coisas não vão bem – o que ocorre com frequência por nossa culpa –, pomos a culpa de nossos desastres no sol, na lua e nas estrelas; como se fôssemos [...] tolos por compulsão celeste; patifes, ladrões e traidores pelo predomínio das esferas; bêbados, mentirosos e adúlteros pela obediência forçada a influências planetárias. [...] Uma admirável escapatória para o homem, esse mestre da devassidão, responsabilizar as estrelas por sua natureza libidinosa. (Trecho da peça *Rei Lear*, de William Shakespeare)

sas pessoas, ao menos para ver o que a vida está lhe trazendo. Se for uma hora boa, você tem que fazer essa hora acontecer, pois algumas oportunidades que temos na vida nunca voltam.

NA INTRODUÇÃO DE SEU LIVRO *PLANETAS E POSSIBILIDADES*, VOCÊ CITA ALGO QUE SUA MÃE COSTUMAVA DIZER, QUE "POUCO CONHECIMENTO É PERIGOSO", POIS A PESSOA PODERIA USAR A ASTROLOGIA PARA "CHEGAR A CONCLUSÕES APRESSADAS SOBRE AS COISAS". NESSE SENTIDO, UMA ADVERTÊNCIA DE ALGUNS PSICÓLOGOS É A DE QUE SE DEVE TER BASTANTE CUIDADO AO LER AS INTERPRETAÇÕES ASTROLÓGICAS POR CAUSA DO PERIGO DA AUTOSSUGESTÃO: A PESSOA ACABA CONFIRMANDO ALGUMA PREVISÃO POR, SUBCONSCIENTEMENTE, ACREDITAR QUE AQUILO JÁ ESTAVA MARCADO PARA ACONTECER. O QUE ACHA DISSO?

Minha mãe sempre repetia essa frase, que "pouco conhecimento é perigoso". Isso se refere a algo que vemos muitas vezes, por exemplo, quando alguém pergunta qual é o seu signo e já acha que sabe tudo sobre você e sua personalidade: "Ah, você é virginiano? Bem que eu vi...". Isso é terrível. É como se fizessem imagens de papelão de cada signo, **rotulando** os outros a partir dessa visão incompleta. Cada um de nós é um ser complexo, com diversos fatores, além do nosso signo solar, que influenciam nosso modo de ser. Por isso, é preciso cuidado não só na análise do mapa, mas também em relação ao modo como se transmite essa leitura. Algo que minha mãe me disse

Eu não acredito em astrologia; sou sagitariano, e nós somos céticos.
(Arthur C. Clarke, escritor britânico)

logo que começou a me ensinar: "Você vai aprender astrologia, mas também vai aprender comunicação, para saber falar claramente, pois dizer a coisa errada é ruim; mas dizer a coisa certa, da maneira errada, é igualmente danoso".

Quanto ao perigo da autossugestão, isso realmente é algo a que se deve prestar atenção. É o que chamo de "profecia autorrealizável". Por isso, sempre busco qualificar minhas previsões, dizendo que cada evento "é uma possibilidade". Embora eu busque o máximo de precisão, sempre digo que "há uma grande possibilidade" de isso ou aquilo acontecer. Nada é definitivo. Na verdade, essa questão das profecias autorrealizáveis não é tão ruim se o que você está dizendo para as pessoas é algo que vai lhes dar encorajamento e estímulo. O problema é quando a interpretação destaca aspectos negativos, que podem deixar as pessoas desconfiadas em relação aos outros ou apreensivas quanto ao futuro. Essa abordagem negativa não ajuda em nada. Esse é um dos motivos por que busco enfatizar os aspectos positivos em minhas interpretações. Quero que as pessoas vejam o melhor filme que elas têm disponível dentro de si.

OU SEJA, O VELHO E BOM PENSAMENTO POSITIVO TAMBÉM VALE PARA A ASTROLOGIA?

Sim. Eu sempre procuro ser positiva. Isso não quer dizer que estou iludindo as pessoas, mas que tento mostrar que, para qualquer situação, sempre há uma saída. Por exemplo, durante os vários períodos em que enfrentei sessões severas de fisioterapia ou cirurgias, às vezes ouvia alguém dizer coisas como "Você provavelmente nunca vai dobrar o joelho de novo". E eu me perguntava: "Mas por que essa pessoa está dizendo isso? Não é verdade!". Tanto não era verdade que não aconteceu nada daquilo. É preciso sempre tentar fazer o melhor que pudermos. Se você quiser ter um resultado que vai até o teto, tem que imaginar que sua meta está acima do teto. No caso da astrologia é a mesma coisa.

De vez em quando, leio as interpretações de outros astrólogos e vejo que a pessoa só fica destacando algum pequeno aspecto negativo que achou. De fato, não é que o momento fosse um mar de rosas, mas a pessoa encontrou o único espinho daquele período e só fala sobre isso, um detalhe insignificante em meio a tantas outras variáveis. Não consigo entender esse tipo de postura. Claro, também aponto os aspectos desfavoráveis, pois, se estamos diante de um período difícil, é bom nos prepararmos para o que está por vir. Mas, no meu caso, busco sempre ser **otimista**, me concentrar no que é bom.

Feliz quem recebe um único estilhaço do otimismo (neutro) dos astros. De cima nunca veio um exemplo medíocre. E um poeta funciona como uma sentinela: pressente aquilo que é forte. (Gonçalo M. Tavares, escritor e poeta português)

QUANTO A ESSA QUESTÃO DOS ASPECTOS DESFAVORÁVEIS, OUTRA COISA BEM COMUM É A PESSOA LER O HORÓSCOPO EM BUSCA DE BONS PRESSÁGIOS, DE ALGO QUE SUPOSTAMENTE VÁ EVITAR AS DIFICULDADES INERENTES AO DIA A DIA. VOCÊ, POR OUTRO LADO, JÁ PASSOU POR VÁRIOS MOMENTOS DIFÍCEIS, SOBRETUDO EM RELAÇÃO A PROBLEMAS DE SAÚDE, MANTENDO SEMPRE UMA ATITUDE POSITIVA. NESSE SENTIDO, COMO ENXERGA O PAPEL DA ADVERSIDADE EM NOSSA VIDA?

De fato, passei por várias dificuldades por causa de minha doença na perna esquerda, que me deixou em hospitais boa parte da infância e da adolescência, além de ter feito 38 transfusões de sangue. Meu quadro de saúde chegou a estar tão frágil que, quando fui ter minha segunda filha, os médicos me fizeram assinar meu testamento, pois eu havia sangrado tanto no primeiro parto que eles acreditavam que eu poderia morrer ao dar à luz de novo. Porém, apesar de todo o sofrimento, essas dificuldades acabaram me trazendo enormes bênçãos colaterais. Eu me tornei uma pessoa mais religiosa – sou uma católica devota –, mais ponderada e mais reflexiva. Além disso, assim como a maioria das pessoas que passam por alguma espécie de provação, sinto que também me tornei uma pessoa mais compassiva em relação ao sofrimento dos outros.

Minha mãe sempre dizia que as adversidades modelam o caráter. Quando eu era criança, claro, não entendia o que ela queria dizer. Mas, hoje, vejo o quanto ela estava certa. No fundo, temos que ter gratidão por tudo aquilo que o universo nos der, seja o que for. Estamos na vida para contribuir com os nossos talentos. E, para tanto, é preciso viver com coragem, energia, usando a nossa intuição. Qualquer decisão que venhamos a tomar deve ser fruto não do medo de que algo de ruim possa acontecer se fizermos de outra forma, mas deve nascer da vontade de manifestar o nosso talento, de realizar algo de produtivo no mundo.

EM UMA PÁGINA DE SEU *SITE* ASTROLOGY ZONE, VOCÊ CONVIDA O VISITANTE A COMPARTILHAR O NOME DO LIVRO QUE TEVE O EFEITO MAIS

PROFUNDO NA VIDA DESSA PESSOA. SE VOCÊ FOSSE UMA LEITORA DO *SITE*, QUAL LIVRO INDICARIA COMO O MAIS MARCANTE DE SUA VIDA?

Quando minhas duas filhas ainda eram pequenas, passei por um período de grande dificuldade financeira. Nessa época, eu trabalhava como agente para fotógrafos, mas não conseguia arranjar dinheiro, estava sem expectativas até para pagar a escola de minhas filhas. Para você ter ideia, o cardápio lá de casa era praticamente macarrão, todos os dias. E, se fosse para indicar um livro, seria justamente o que me ajudou a superar essa crise: *Pense e enriqueça*, do escritor americano Napoleon Hill. Na verdade, essa obra não tem nada a ver com dinheiro; tem a ver com atingir metas, com criar na mente a imagem de como você quer que a sua vida seja. Pois a mente tem a capacidade de imaginar uma coisa no futuro da mesma forma com que se lembra de outra do passado; a mente não sabe a diferença entre o passado e o futuro. Assim, caso você visualize uma coisa boa – por exemplo, estar levando seus filhos à escola, vivendo uma vida próspera –, se conseguir visualizar esse pequeno filme na mente, se realmente acreditar e orar, pedindo a ajuda de Deus, isso vai acontecer, como, de fato, aconteceu. Tudo por eu confiar em Deus e buscar pensar de forma criativa.

ENTÃO, ALÉM DE MACARRÃO, A RECEITA PARA SUPERAR OS DESAFIOS É TER FÉ E MANTER O PENSAMENTO CRIATIVO?

A confiança em Deus é algo essencial em nossa vida. Durante aquela crise financeira, por exemplo, eu tinha certeza de que, se Deus havia me permitido ter minhas filhas, Ele certamente me ajudaria a criá-las. Eu acredito profundamente que, se Deus nos coloca diante de algum desafio, é por Ele saber que temos a força necessária para superar essa situação e poderemos crescer com ela, se pensarmos criativamente. Aliás, outro livro de que eu gosto se chama *Um "toc" na cuca*, do escritor americano Roger Von Oech, especialista em criatividade. Acho que foi nele que li uma história que ilustra bem a importância do pensamento criativo.

Essa história conta sobre um período em que a cidade de Atenas estava em pânico, pois um exército inimigo se aproximava pelo mar para destruí-la. Sem saber o que fazer, os atenienses foram até o oráculo para saber a sua opinião. O oráculo, então, disse: "O único modo de vocês se salvarem é construindo uma paliçada de madeira". E os moradores ficaram sem entender nada: "Como assim? Os invasores vão destruir essa cerca de madeira com a maior facilidade...". Porém, como o oráculo sempre estava certo, as pessoas ficaram dias tentando entender qual era o significado da mensagem. Finalmente, alguém descobriu a solução: "Nossos barcos de guerra são feitos de madeira; é a isso que o oráculo está se referindo. O que temos que fazer é criar uma cerca de defesa com os navios para combater os invasores no mar". E o resultado é que a frota ateniense acabou derrotando o exército inimigo. Ou seja, a mensagem do oráculo para nós é esta: diante de um problema, procure pensar de forma criativa, busque novas maneiras de ver a situação, tente abrir a mente para pensar em novas saídas, pois elas sempre existem.

UM TEMA QUE DESPERTA A CURIOSIDADE DE MUITA GENTE É A FAMOSA ERA DE AQUÁRIO, MAS, NA VERDADE, POUCAS PESSOAS SABEM PRECISAMENTE O QUE ELA SIGNIFICA. AFINAL, QUAL É O SIGNIFICADO DESSE EVENTO? E O QUE O FUTURO NOS RESERVA?

A Era de Aquário é um tempo em que cada um de nós tem a oportunidade de escolher como queremos expressar a nossa personalidade genuína; pode-se dizer que o lema do signo de Aquário é este: "Deixe você ser você". Na verdade, não há um consenso entre os estudiosos, mas, para mim, a Era de Aquário começou no dia em que o satélite Sputnik foi lançado, no fim da década de 1950, e as transformações vêm acontecendo gradualmente a partir daí, com mudanças nos estilos de vida, na forma de pensar e no modo como interagimos uns com os outros. É a era da comunicação em rede, pois Aquário é o signo que representa o conceito de uma irmandade de homens. Por exemplo, Netuno em Aquário nos deu a Internet, as redes sociais, os telefones celulares e tantas outras coisas boas.

Porém, um problema da Era de Aquário foi a manifestação de muita falta de amor, pois todo esse avanço tecnológico também deixou as pessoas mais frias e distantes. Quando uma pessoa pode ser outra por trás da tela de um computador, ela deixa de ser verdadeira. E o que temos visto são coisas como as pessoas terminando relacionamentos por *e-mail* ou por mensagens de celular. Mas tudo isso começou a mudar em fevereiro de 2012, quando Netuno entrou em Peixes, onde vai permanecer por 14 anos. Netuno rege Peixes, é o seu lugar de origem. E Netuno em Peixes é muito compassivo, amoroso e orientado para o contato, para a vida real – exatamente o oposto do Aquário, intelectual. Nesse sentido, há muito mais interação humana, interação verdadeira, cara a cara; um **acordar** para a nossa humanidade mais genuína. É um tempo muito propício para a manifestação do amor, e do romance também. Assim, tenham esperança!

Acorde
Recorde que você é um homem
Que veio de uma estrela
Que está em uma estrela
Que irá para outra estrela
Pouse suave
Os mensageiros orientam
(Hermes Trismegisto, personagem lendário tido como um dos grandes mestres da Antiguidade e considerado o pai da astrologia e da alquimia)

MELHOR DE TRÊS

O FILÓSOFO FRIEDRICH NIETZSCHE DIZIA QUE UMA ESPÉCIE DE ORAÇÃO DE CADA PESSOA AO INICIAR O DIA DEVERIA SER UM PENSAMENTO DO TIPO "HOJE VOU DAR ALEGRIA A ALGUÉM". EM SUA OPINIÃO, QUAL DEVE SER A ORAÇÃO DE CADA PESSOA PARA COMEÇAR O DIA?

Nietzsche está absolutamente certo. Ajudar alguém é algo que sempre podemos fazer. Isto é uma coisa que a vida já me ensinou inúmeras vezes: quando alguém lhe pede ajuda, você tem que ajudar. Porque, no fundo, foi muito difícil para essa pessoa lhe pedir ajuda; demorou muito tempo para ela construir internamente a coragem de lhe pedir auxílio. Ou seja, temos que ajudar. E mesmo que você não possa ajudar diretamente, que até não conheça quem pode, certamente você conhece alguém que conhece a pessoa certa. Estamos aqui para ajudar uns aos outros. Temos que ser uma força para o bem.

Quanto a uma oração para começar o dia, existe uma afirmação que digo para mim mesma o tempo todo: "Reserve o melhor de sua energia para o bem maior". Muitas vezes, usamos nossa energia e nossos talentos de forma errada, canalizando-os para coisas sem sentido. Precisamos usar direito nossa energia. Nós não dispomos de muito tempo na Terra, ele passa rápido. Assim, temos que fazer valer cada minuto. "Reserve o melhor de sua energia para o bem maior" – estamos aqui para ter uma vida plena, uns ajudando os outros.

O QUE É UMA PESSOA VIRTUOSA?

Uma pessoa virtuosa é aquela que trabalha para o bem comum, que se certifica de que suas ações e seus anseios não vão lesar ninguém às suas custas. É alguém que, em última instância, busca o tempo todo se colocar no lugar das outras pessoas, que entende que o seu bem deve ser o bem do outro.

ATÉ HOJE, QUAL FOI O SEU MAIOR APRENDIZADO NA VIDA?

Se há uma coisa que aprendi na vida é que o universo não funciona a partir do nosso calendário, de nossas demandas. Ele trabalha a partir de sua própria agenda. Por exemplo, há momentos em que você precisa urgentemente de um trabalho, ou está ansioso por encontrar um amor, mas as coisas simplesmente não acontecem. Isso não é motivo para desespero, pois o fato é que talvez você tenha alguns aspectos desfavoráveis no seu mapa naquele momento. Essa é a hora de ser prático, de procurar novas saídas. É preciso ter paciência e tranquilidade para perceber que o universo funciona no seu próprio calendário, mas que, eventualmente, ele virá para ajudá-lo. Nunca me esqueço do dia em que, em meio a um dos períodos mais sombrios de minha vida, um amigo me disse: "Susan, tenha fé, as coisas vão melhorar. Deus não faz uma árvore e se esquece de aguá-la". Eu disse: "Mas você está certo disso? Por favor, me diga se realmente tem certeza disso". E ele respondeu: "Eu tenho absoluta certeza". Eu resolvi confiar e ter fé. E ele estava certo.

MESA-REDONDA

Stanislav Grof pergunta:

"COMO A ASTROLOGIA EXPLICA O FATO DE QUE PESSOAS NASCIDAS NA MESMA HORA E NO MESMO LUGAR POSSAM TER PERSONALIDADES TÃO DIFERENTES UMAS DAS OUTRAS, SE MANIFESTANDO DE FORMA TOTALMENTE DIFERENTE NA VIDA?"

A astrologia é baseada em cálculos matemáticos; assim, cada pequena diferença de grau conta. Nesse sentido, apesar de parecer que pessoas nascidas na mesma hora e no mesmo lugar têm o mesmo mapa astral, isso é matematicamente impossível, pois até irmãos gêmeos vão nascer com alguns minutos de diferença, o que já é suficiente para mudar o mapa. Cada um de nós tem um mapa completamente único, que nunca vai se repetir, seja no tempo de Cleópatra, seja daqui a 10 mil anos.

As diferenças de personalidade podem ser explicadas por vários fatores, como pela grande influência das casas no mapa. Por exemplo, no caso de irmãos gêmeos, pode ser que ambos tenham muitos planetas posicionados na nona casa – essa é a casa que, entre outras coisas, rege o âmbito da educação, de assimilar e transmitir informações, assim como governa o canal das viagens. Então, enquanto um dos gêmeos pode acabar se tornando um acadêmico, o outro pode se voltar para algo que envolva viagens ao exterior, como um negócio de importação e exportação. As possibilidades de manifestação da personalidade são infinitas. Como eu disse, ninguém nunca terá o mesmo mapa de outra pessoa. Isso significa que você tem que cantar a sua própria canção, e não alguma canção que seus pais, seu cônjuge ou a sociedade lhe dizem para cantar. Cada um de nós deve contribuir para o mundo com seus próprios talentos, pois ninguém mais, além de nós, pode fazer isso. É o que está em seu próprio coração – essa é a música que você deve cantar.

PARA SE CONHECER

Site:

www.astrologyzone.com

Livros:

Planetas e possibilidades, de Susan Miller (Best Seller)

The astrology book of days: an illustrated perpetual calendar, de Susan Miller e Linda Devito Soltis (Warner Books; em inglês)

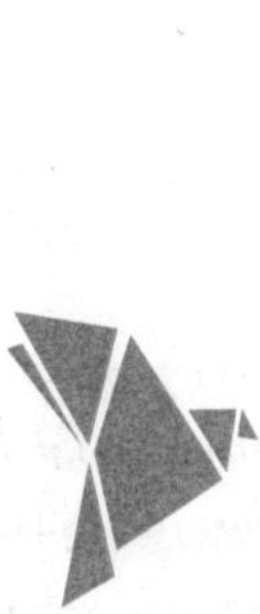

LEONARD ORR

TEMPO DE RENASCER

Em um de seus momentos de encantamento com a palavra, o filósofo e poeta francês Gaston Bachelard disse: "Há, no âmago da linguagem, palavras privilegiadas que regem múltiplas frases, palavras que reinam sobre os domínios mais diversos". E, de fato, ao analisar as raízes etimológicas de alguns termos, nos deparamos com achados surpreendentes. Por exemplo, a raiz latina *spir*, cujo significado é "que sopra" – ao mesmo tempo em que está no cerne de vocábulos como "respiração", "inspiração" e "aspiração", *spir* também está no âmago da palavra "espírito". Em muitas línguas não latinas, a correlação é a mesma: o *prana* hindu, o *pneuma* grego, o *chi* dos chineses, entre muitos outros, são todos termos que, simultaneamente, se referem à respiração e ao espírito. Ou seja, "no âmago da linguagem", a respiração é o portal do próprio reino do espírito. Algo que, há décadas, é ensinado pelo americano Leonard Orr.

Considerado um dos pioneiros do movimento da Nova Era, Leonard Orr é o criador do Renascimento, uma técnica de respiração consciente voltada para a liberação de repressões físicas, emocionais e mentais. Incluindo ainda outras práticas, como meditações com o fogo e o uso de "afirmações" – frases para a mudança de padrões negativos de consciência –, a técnica, que nasceu em 1974, espalhou-se rapidamente pelo planeta, já tendo sido praticada por milhões de pessoas em todo o mundo.

Aos 78 anos, e com livros publicados em mais de dez idiomas, Leonard Orr já formou milhares de "renascedores" – profissionais que conduzem sessões de Renascimento – em vários países, incluindo o Brasil. Para Orr, se Deus é onipresente, Ele está, sobretudo, no corpo e no ar que respiramos: "A perfeição funcional de nosso corpo é, a cada momento, uma revelação da glória de Deus em nós. Ninguém precisa morrer para encontrar Deus; Ele é a nossa própria respiração, e por meio dela podemos nos conectar com Ele".

EM QUE CONSISTE A TÉCNICA DE RESPIRAÇÃO DO RENASCIMENTO?

O Renascimento é uma técnica de respiração consciente que consiste basicamente em manter um ritmo de respiração relaxado e contínuo, no qual a inspiração é conectada com a expiração, sem pausa entre uma coisa e outra. Com isso, a respiração interior se funde com a respiração exterior, e entramos em contato com o *prana*, a energia vital; respira-se não apenas o ar, mas também a energia de vida. Se feita adequadamente – e ela é muito simples de fazer –, gera um imenso sentimento de êxtase. Por isso, muitas vezes as pessoas chamam a experiência com a respiração consciente de uma experiência biológica da presença de Deus.

Quando a energia divina flui em nós, ela limpa e alimenta a alma, assim como nutre e cura o corpo e a mente. Ao manter a respiração conectada com a energia, vamos liberando tensões e ansiedades, respiramos para fora de nós sentimentos negativos como raiva, ressentimento, ciúme e toda sorte de poluição emocional. Enfim, trata-se de uma técnica de purificação espiritual pelo ar, uma prática intuitiva, natural, cuja chave é a suavidade. Agora, nós só podemos aprender os segredos da respiração a partir da própria respiração; é respirando que se aprende a **respirar**.

Senti-me agora respirar como se houvesse praticado uma coisa nova, ou atrasada. Começo a ter consciência de ter consciência. Talvez amanhã desperte para mim mesmo, e reate o curso da minha existência própria. (Fernando Pessoa, em *Livro do desassossego*)

MAS DE QUE FORMA A RESPIRAÇÃO CONSCIENTE AJUDA NA LIBERAÇÃO DE NOSSA POLUIÇÃO EMOCIONAL?

Isso acontece automaticamente, porque é impossível se ter relaxamento e estresse no mesmo espaço e ao mesmo tempo. São coisas que se excluem mutuamente. Assim, quando a pessoa entra em relaxamento por meio da respiração, isso ajuda a dissolver toda espécie de traumas, de sentimentos negativos, de poluição da energia emocional. A respiração consciente talvez esteja na base de todas as curas.

AGORA, SE TODAS AS PESSOAS NASCEM RESPIRANDO, SE É ALGO TÃO NATURAL, QUANDO É QUE ESQUECEMOS COMO SE FAZ?

Aí que está o problema: a maioria das pessoas não nasce respirando; nós nascemos sendo sufocados. Como **Frédérick Leboyer** mostrou com seus estudos, no momento do nascimento, o bebê passa por vários eventos traumáticos, sendo que o mais danoso é a forma como o cordão umbilical é cortado. Em geral, em vez de se esperar que o bebê comece a respirar naturalmente para, aí então, cortar o cordão umbilical, faz-se o contrário: corta-se o cordão umbilical assim que o bebê nasce, para que ele respire logo. Resultado? A criança, que até então era oxigenada pelo sangue da mãe, experimenta uma privação súbita e total de oxigênio, o que traumatiza não só o cérebro, mas todo o organismo. Nesse sentido, para a maioria das pessoas, a hora do nascimento é o mais próximo que elas jamais chegarão da própria experiência da morte.

Obstetra francês introdutor de técnicas de humanização do parto. É autor de vários livros, como o clássico *Nascer sorrindo*, obra simples, revolucionária e de leitura obrigatória, sobretudo para aqueles que desejam ser pais.

O corte do cordão umbilical é um evento central em relação à respiração, ao momento em que o nosso mecanismo respiratório é danificado. Esse trauma do nascimento vai persistir ao longo de toda a vida da pessoa, sob a forma de inibições respiratórias, até o dia em que ela finalmente consiga resgatar a sua capacidade de respirar livre e plenamente. Na verdade, uma das coisas que mais precisamos rever hoje são as políticas padrão em relação ao parto, que ainda se baseiam em práticas que não têm a menor sensibilidade para os processos por que passa a criança ao nascer. Na medida do possível, o processo de parto precisa ser uma situação totalmente relaxada, e não uma fonte de traumas para o **recém-nascido**.

O recém-nascido não fala? Não, não. Nós é que não o escutamos. [...] A criança sabe de tudo. Sente tudo. Vê até o fundo do coração. [...] O recém-nascido é como um espelho. Reflete sua imagem. Depende de vocês não fazê-lo chorar. (Frédérick Leboyer, obstetra francês)

EM UM DE SEUS LIVROS, O SENHOR TAMBÉM FALA DE COMO, POR CAUSA DESSE TRAUMA DO NASCIMENTO, A CRIANÇA ACABA

FAZENDO GENERALIZAÇÕES NEGATIVAS EM RELAÇÃO À VIDA, QUE VÃO SE REFLETIR NO COMPORTAMENTO DA PESSOA AO LONGO DE TODA A SUA EXISTÊNCIA. COMO É ISSO?

De fato, muitos de nossos padrões negativos de consciência, com os quais nos autossabotamos ao longo da vida, têm a ver com o trauma do nascimento, mas não só apenas com ele. Essas generalizações negativas – como "Eu não sou desejado", "Eu nunca vou ter amor", "O mundo quer me ferir", "A vida não vai me dar o bastante", etc. –, elas também estão relacionadas à experiência da pessoa com seus pais. Muitas vezes, o comportamento das crianças é simplesmente um reflexo de algum tipo de crença inconsciente dos pais em relação à vida. Por exemplo, uma rivalidade entre os filhos pode ser causada pela crença inconsciente dos pais na escassez, por um pensamento de que a vida não tem o suficiente para dar.

ESSAS GENERALIZAÇÕES NEGATIVAS TÊM A VER COM O QUE O SENHOR CHAMA DE "LEI PESSOAL"?

Sim, a "lei pessoal" é o nosso principal padrão negativo de consciência, é o pensamento que controla nossa vida mais do que qualquer outro. É uma crença cristalizada em nosso inconsciente, a qual é preciso trazer para a consciência, pois, uma vez que ela se torna consciente, então você pode não apenas se proteger dela, mas, eventualmente, alterá-la. Assim, um pensamento do tipo "Eu nunca vou ter o suficiente" – ar, amor, dinheiro, etc. –, ou seja, um pensamento de escassez pode ser substituído por uma consciência de prosperidade, de que a vida tem, sim, uma abundância infinita para nos oferecer; essa consciência positiva é a nossa "lei eterna".

E COMO FAZER PARA TRANSFORMAR ESSES PENSAMENTOS INCONSCIENTES QUE NOS ATRAPALHAM EM ALGO QUE TRABALHE A NOSSO FAVOR?

Uma forma eficiente para isso é a técnica de afirmações. Uma afirmação é um pensamento construtivo, positivo, que imprimimos na consciência. Um dos modos de se trabalhar com as afirmações é escrever a afirmação várias vezes numa folha de papel, de cima a baixo da página, deixando espaço ao lado da frase para anotar nossa "resposta emocional" a ela. Por exemplo, você escolhe esta afirmação: "Eu sou atraente e digno de amor, me sinto bem na presença dos outros". Depois de anotá-la, sinta qual é a sua resposta emocional a ela. E pode vir algo como: "Eu não sou nada atraente nem me sinto bem com os outros". Então, enquanto vai escrevendo as afirmações e sua resposta emocional a elas, talvez comece a vir algo do tipo "Minha mãe nunca me deu aprovação" – um pensamento ligado a um de nossos traumas, a "síndrome da desaprovação parental", que é não nos sentirmos aprovados por nossos pais. O fato de esse pensamento emergir na mente já é um sinal de que o que estava inconsciente começa a tornar-se consciente. E, à medida que trabalhamos com a afirmação, a crença negativa inconsciente acaba desparecendo.

Essa é uma técnica muito poderosa. Eu geralmente recomendo que a pessoa trabalhe com uma afirmação por três semanas e, então, escolha outra para trabalhar, permitindo que o conteúdo da primeira afirmação se manifeste na vida. A questão não é ter pressa, mas confiança no processo, saber que a repetição das afirmações, com o tempo, irá imprimir em nós um novo padrão de consciência, mais positivo e criativo.

ISSO SE RELACIONA DIRETAMENTE COM UMA IDEIA DEFENDIDA POR VÁRIAS TRADIÇÕES ESPIRITUAIS, A DE QUE NÓS CRIAMOS A NOSSA REALIDADE A PARTIR DO NOSSO MODO DE PENSAR, NÃO É?

Sim. Esta é uma lei da vida: nós somos criadores com os nossos **pensamentos**. Os pensamentos que fluem através de nossa consciência, aos quais nos entregamos, todos eles criam a nossa realidade, pois é algo que está ligado a um princípio sagrado: Deus sempre diz "Sim" – se a pessoa disser "Estou pobre", Deus dirá "Sim"; se ela disser "Eu sou próspero", Deus dará a mesma resposta.

Nós somos o que pensamos. Tudo o que somos emerge com os nossos pensamentos, e com os nossos pensamentos fazemos o mundo. Fale e aja com uma mente impura e os problemas te seguirão assim como a roda segue o boi que puxa a carroça. Fale e aja com uma mente pura e a felicidade vai te seguir como a sua sombra, inabalável. (Trecho do *Dhammapada*, texto sagrado do budismo, com ensinamentos atribuídos ao próprio Buda)

Há outro ponto importante em relação a isso. Os cientistas afirmam que nós temos nada menos que 50 mil pensamentos por dia. Para conseguir atingir qualquer grau de realização de Deus, temos que diminuir os nossos pensamentos, temos que nos familiarizar com o espaço entre eles, porque Deus está no espaço entre os nossos pensamentos. Toda vez que entramos nesse espaço, adentramos o terreno das novas possibilidades. Ou seja, se temos 50 mil pensamentos por dia, o que temos na verdade são 50 mil oportunidades de realizar Deus. O problema é que nossos processos mentais são preenchidos com tanto barulho, tanto ruído emocional, que não percebemos que estamos conectados com Deus 50 mil vezes por dia.

E QUAL SERIA A FORMA DE LIMPAR ESSE RUÍDO DA MENTE?

Há várias formas; por exemplo, a meditação. Mas um meio extremamente eficiente de limpar a mente é repetir o mantra *Om Namaha Shivaya*, que significa "Ser Infinito, Manifestação Infinita e Inteligência Infinita". Essa é a afirmação fundamental, o grande mantra que o Criador nos deu. Repeti-lo em voz alta ou silenciosamente é um instrumento de altíssima qualidade para nos conectar com Deus. Precisamos nos conscientizar o tempo todo de que estamos unidos com a Fonte, e esse mantra nos ajuda a fazer isso, assim como nos ajuda a manifestar a Fonte em todas as formas que desejarmos.

ALÉM DA RESPIRAÇÃO, QUE ENVOLVE O ELEMENTO AR, O RENASCIMENTO TAMBÉM ENFOCA PROCESSOS DE PURIFICAÇÃO LIGADOS A OUTROS ELEMENTOS, COMO ÁGUA, FOGO E TERRA. O SENHOR PODE FALAR SOBRE ISSO? COMO SE DÁ, POR EXEMPLO, O PROCESSO DE PURIFICAÇÃO COM A ÁGUA?

Terra, água, ar e fogo são as qualidades físicas de Deus. Como tais, esses quatro elementos podem nos purificar e nutrir. No caso da água, além de limpar o corpo físico, ela purifica o corpo de energia e o corpo emocional. Todo mundo já experimentou isso. Por exemplo, quando chegamos em casa cansados, é só tomar um banho e já nos sentimos melhor, pois a água literalmente lava as coisas para fora da aura. Nesse sentido, tomar banho duas vezes por dia, ao acordar e antes de dormir, é um instrumento maravilhoso de purificação espiritual.

Uma prática bem eficaz é começar o banho com água quente e terminá-lo com água fria. O princípio é este: a água quente abre e limpa os nossos chacras, e a água fria os limpa e os fecha. Assim, o ideal é sempre finalizar o banho quente com uma ducha de água fria para fechar os chacras; isso nos ajuda a manter nossas energias limpas e equilibradas por mais tempo. E, se a pessoa tiver uma banheira em casa, melhor. Como o próprio sacramento do batismo simboliza, imergir o corpo na água é uma forma profunda de purificação. Mas, claro, chuveiros também funcionam perfeitamente; o importante é se banhar, permitir a purificação pela **água**.

Certa vez perguntaram ao mestre zen Joshu: "Onde se encontra o caminho?". Ele respondeu: "Ouves o murmúrio da corrente d'água? Lá está a entrada!".
(Matsuo Bashô, poeta japonês)

E COMO É O PROCESSO DE PURIFICAÇÃO COM O FOGO?

O fogo talvez seja o elemento mais negligenciado em nossa civilização. Nesse sentido, compreender o poder de cura e o poder espiritual do fogo é uma das maiores descobertas que se pode fazer na vida. E, para purificar-se pelo fogo, é preciso apenas estar perto de uma chama exposta, como uma vela ou uma fogueira. Algumas vezes, bastam alguns minutos junto ao fogo para sentir seus efeitos. Ele limpa nosso corpo de energia, nossa aura, elimina a poluição emocional, assim como cura o corpo físico. É surpreendente como muitas camadas de estresse, tensão e dor desaparecem simplesmente como resultado de estar com o **fogo**.

Tudo o que passa do estado pesado ao estado sutil passa pelo momento de fogo e luz.
(Paul Valéry, poeta francês)

Uma prática que costumo ensinar às pessoas é a meditação com velas. Você deve alinhar 12 velas e, então, ir acendendo uma por uma. Depois de acender a primeira vela, medite sobre o efeito em seu corpo energético; acenda a segunda e medite sobre o resultado; a terceira e observe o efeito; e assim por diante. Em algum ponto, entre a primeira e a última vela, todos sentem algum resultado significativo – trata-se justamente do número mínimo de velas de que você precisa nesse momento particular em sua vida. Por exemplo, você pode sentir o efeito ao acender a oitava vela; assim, quando for meditar com o fogo da próxima vez, deve acender oito velas. Agora, sempre é bom lembrar: é preciso cuidado para fazer tudo com segurança; por isso, sempre recomendo que as pessoas usem uma bandeja de metal e que trabalhem com o fogo longe de objetos inflamáveis, como cortinas ou toalhas.

E NO CASO DO ELEMENTO TERRA, QUAIS SÃO AS PRÁTICAS DE PURIFICAÇÃO?

As disciplinas básicas para se trabalhar o elemento terra são: exercícios físicos – yoga, ginástica, natação, etc. – e alimentação correta. São práticas que nos ajudam a nos reconectar intuitivamente com o corpo. Muitas pessoas deixam seu corpo antes mesmo de terem se conectado com ele. Mas há muitas maneiras de se trabalhar o elemento terra; por exemplo: fazer algum trabalho manual; jardinagem; caminhar na natureza; ou receber algum trabalho corporal, como uma massagem. Aliás, mais do que trazer relaxamento ao corpo físico, uma massagem é uma forma poderosa de purificação do corpo energético; eu, por exemplo, costumo receber ao menos uma massagem por semana.

FALANDO ESPECIFICAMENTE DA ALIMENTAÇÃO, COMO LIDAR DE FORMA MAIS CONSCIENTE COM ELA?

Bom, a primeira questão é o vegetarianismo; esse é um requisito básico para a saúde física e mental. A medicina já comprovou milhares de vezes, com milhares de estudos, que o hábito de comer carne está por trás de uma série de males, como o câncer e doenças cardíacas. Assim, o mínimo que se pode fazer para sermos responsáveis por nossa saúde é tirar a carne de nossa dieta; é preciso dar esse passo. Outra prática que recomendo em relação à alimentação é a pessoa fazer um jejum, ingerindo apenas líquidos, uma vez por semana. Mesmo que pareça difícil no começo, ao longo do tempo, esse jejum de líquidos um dia por semana não só aumenta supreendentemente nossa energia e disposição como aumenta o nosso próprio prazer com a comida. Ao jejuar por um dia, aproveitamos muito mais o prazer de comer nos outros seis.

Outro aspecto interessante em relação à comida é que, muitas vezes, não é tanto o que você come, mas a sua crença em relação ao que come que faz mal. Nesse sentido, uma boa afirmação em relação à comida é esta: "Tudo o que eu como me traz saúde e beleza". Mas, como base de tudo, é preciso tomar consciência do que nosso corpo realmente precisa. A maioria das pessoas come de acordo com as instruções que recebeu dos pais ou de sua cultura, sem a menor consciência do que seu corpo precisa. Temos que descobrir nosso próprio equilíbrio, encontrar uma dieta que nos faça sentir bem, pois nós podemos cavar a nossa própria sepultura com os dentes.

AGORA, EM VEZ DE BUSCAR ESSE EQUILÍBRIO CUIDANDO DO CORPO E DA ALIMENTAÇÃO, MUITA GENTE TOMA JUSTAMENTE O CAMINHO OPOSTO, POR EXEMPLO, CONSUMINDO MUITO AÇÚCAR OU FUMANDO, COMO SE QUISESSE SE DESTRUIR. QUAL É A RAIZ DESSE COMPORTAMENTO?

Por trás desse tipo de postura está o que chamamos de "ânsia de morte", que inclui toda forma de pensamento e comportamento antivida. Na verdade, na raiz de tudo isso está o esquecimento de nossa divindade natural. A principal causa da morte do corpo humano é a negação ou a ignorância de nossa própria divindade natural, de que o Espírito é a nossa natureza, a nossa essência. O nosso maior pensamento negativo é acreditar que a morte é algo inevitável e além do nosso controle. E, inconscientemente, vamos fazendo tudo para confirmar essa crença. Nesse sentido, só o fato de a pessoa levantar a possibilidade da imortalidade física, só o fato de considerar uma forma diferente de existência já faria toda a diferença para dar fim às nossas crenças deturpadas em relação à **morte**.

Assim te alimentarás da morte que se alimenta dos homens; e morta a Morte, então não haverá mais morrer. (Trecho do *Soneto 146*, de William Shakespeare)

Por exemplo, a cada nove meses, todas as células do nosso corpo se renovam. E o que a nossa mente faz? Em vez de recriar células novas, a mente opta por criar células mais velhas, porque isso corresponde às crenças pelas quais ela foi programada. Mas a própria vida desmente essa crença. Basta ver um fato básico: não importa a idade da mãe, os bebês nascem sempre com a mesma idade, com células novinhas. Não é interessante? A mãe pode ter 16, 30 ou 45 anos, não importa; o bebê sempre nasce com idade de bebê, ele não nasce com rugas ou pele ressecada. Então, se na mulher existe uma potência de vida para criar células novas para o bebê, por que ela não cria essas células novas para si mesma? É algo que temos, ao menos, que parar para pensar.

A CAUSA DO ENVELHECIMENTO ENTÃO É BASICAMENTE MENTAL?

O envelhecimento é causado pelo estresse. E a maior parte do estresse vem de uma programação primal, da crença primitiva de que estamos ameaçados de morte. É surpreendente, por exemplo, o resultado que um intensivo de apenas uma semana de Renascimento provoca na aparência das pessoas; você as vê ficarem 10, 20 anos mais jovens em apenas uma semana, simplesmente como resultado de respirar para longe o estresse que haviam acumulado. Tudo o que existe, sem exceção, é energia, pensamento e forma. Quando conseguirmos dominar nossa conexão com a energia, quando curarmos nossa mente emocional, de modo que ela não seja mais cheia de lixo, então tudo o que restará a fazer é brincar com o universo físico. O universo físico não está em conflito com o Espírito; ele é a manifestação da natureza espiritual, é a expressão essencial de nossa divindade.

BOM, MAS EM RELAÇÃO AO MUNDO MATERIAL, UMA DAS QUESTÕES MAIS COMPLEXAS NA VIDA DE MUITAS PESSOAS É A FORMA DE GANHAR E LIDAR COM O DINHEIRO, UM TEMA QUE O SENHOR DISCUTE BASTANTE EM SUAS OBRAS TAMBÉM. QUAL É O CAMINHO PARA SE DESENVOLVER UMA CONSCIÊNCIA DE PROSPERIDADE?

Não existe nada menos material que o dinheiro, já que qualquer moeda [...] é, a rigor, um repertório de futuros possíveis. [...] Pode ser uma tarde nos arredores, pode ser música de Brahms, pode ser mapas, pode ser xadrez, pode ser café, [...] uma moeda simboliza nosso livre-arbítrio. (Trecho de *O Aleph*, do escritor argentino Jorge Luis Borges)

Ser próspero é mais uma questão de esclarecimento do que necessariamente de **dinheiro**. O fundamento para se desenvolver uma consciência de prosperidade é mudar as crenças destrutivas que temos em relação ao dinheiro. E a crença básica é a de que vivemos em escassez, que no mundo não há riqueza suficiente para todos. Essa é uma crença arraigada não só em nossa mente, mas em todas as estruturas sociais, uma crença gerada pelo sistema financeiro, pelos bancos, que perpetuam essa ideia de escassez, o que lhes permite colocar a todos, cidadãos e governos, sob a tirania do débito. Precisamos coletar ideias que permitam que o dinheiro trabalhe para nós, e não contra nós.

Uma afirmação simples, mas eficiente, é esta: "Mereço ser próspero e rico". Ao trabalhar com essa afirmação, mudamos nosso pensamento inconsciente em relação ao ganhar. Outra técnica eficaz é você sempre carregar uma nota de grande valor na bolsa ou na carteira, uma nota de 100, por exemplo; e a disciplina é nunca gastar essa nota, a não ser que possa substituí-la por outra imediatamente. Isso cria toda uma nova mentalidade, pois ninguém pode dizer que está pobre, que não tem dinheiro, quando tem uma nota de 100 na carteira. Assim, sempre que abre a carteira, você está dizendo para si mesmo que tem dinheiro, que é uma pessoa próspera. Então, depois de um tempo, deve-se gastar essa nota com algo que nos dê prazer; lembrando, claro, de substituí-la por outra. Isso ensina para a mente que está tudo bem em gastar, que não existe sensação de perda, que gastar e ganhar são partes do mesmo fluxo. Com isso, planta-se a semente para uma consciência de prosperidade.

OU SEJA, MAIS UMA VEZ, TRATA-SE DE CULTIVAR UMA MENTE CORRETA?

Sim. Quando me perguntam sobre qual seria o símbolo da iluminação espiritual, gosto de contar a história de Adão e Eva. A história diz que havia duas árvores no Paraíso, e, se eles comessem o fruto da árvore do conhecimento do bem e do mal, morreriam. Mas eles comem o fruto e são expulsos do Paraíso, em cuja entrada é colocada uma espada flamejante, para impedir que o casal entre lá de novo e coma da árvore da vida, o que os faria viver eternamente. E qual é o significado dessa história? Certamente não se trata de maçãs. A árvore do conhecimento, na verdade, simboliza a própria mente; e o fruto da mente são os nossos pensamentos, crenças e sentimentos. Nesse sentido, comer o fruto que produz a morte significa estar preso em nossos próprios pensamentos, nos esquecendo da Fonte, que é a origem de tudo.

Em oposição a isso, existe a árvore da vida, que representa o Espírito Eterno, Deus, a Energia por trás de tudo o que existe. Assim, comer da árvore da vida significa viver além da mente, significa nos lembrarmos de que nós somos a fonte de nossos pensamentos. Agora, para comer da árvore da vida, é preciso entrar de novo no Paraíso, é preciso passar pela espada de fogo. E a espada de fogo é justamente o símbolo do processo de purificação espiritual pelo qual temos que passar. É esse o caminho da árvore da vida, o caminho da vida eterna.

MELHOR DE TRÊS

O FILÓSOFO FRIEDRICH NIETZSCHE DIZIA QUE UMA ESPÉCIE DE ORAÇÃO DE CADA PESSOA AO INICIAR O DIA DEVERIA SER UM PENSAMENTO DO TIPO "HOJE VOU DAR ALEGRIA A ALGUÉM". EM SUA OPINIÃO, QUAL DEVE SER A ORAÇÃO DE CADA PESSOA PARA COMEÇAR O DIA?

Bom, isso que Nietzsche falou já seria bom o suficiente. Mas penso que a melhor forma de oração, para todas as horas do dia, é a prática da verdade, da simplicidade e do amor; é procurarmos ser a expressão consciente do Ser Infinito, da Inteligência Infinita e da Manifestação Infinita.

O QUE É UMA PESSOA VIRTUOSA?

Uma pessoa virtuosa é aquela que pratica a verdade, a simplicidade e o amor.

ATÉ HOJE, QUAL FOI O SEU MAIOR APRENDIZADO NA VIDA?

Foi a compreensão de que a energia se torna aquilo que ela pensa.

MESA-REDONDA

Yehuda Berg pergunta:

"QUAL FOI O PONTO MAIS ALTO QUE O SENHOR JÁ ATINGIU AO PRATICAR O RENASCIMENTO? QUAL FOI A SUA EXPERIÊNCIA PESSOAL MAIS PROFUNDA?"

O ponto mais alto que se pode atingir é o estado transcendental, mas isso é algo que, de certa forma, se torna comum para quem realmente adquiriu a maestria da respiração consciente, em que a energia divina flui pelo corpo. Qualquer pessoa com domínio da técnica pode entrar no estado transcendental em 30 segundos e permanecer nesse estado pelo tempo que quiser. A grande verdade é esta: tudo o que existe é energia, pensamento e forma. Nós podemos manter o estado transcendental durante todo o dia, pois a vida é uma contínua comunhão com Deus.

PARA SE CONHECER

Sites:
www.rebirthingbreathwork.com
www.rebirthingbrasil.wordpress.com
www.renascimento.com.br
Livros:
Renascimento na nova era, de Leonard Orr e Sondra Ray (Gente)
Breaking the death habit: the science of everlasting life, de Leonard Orr (Frog Books; em inglês)

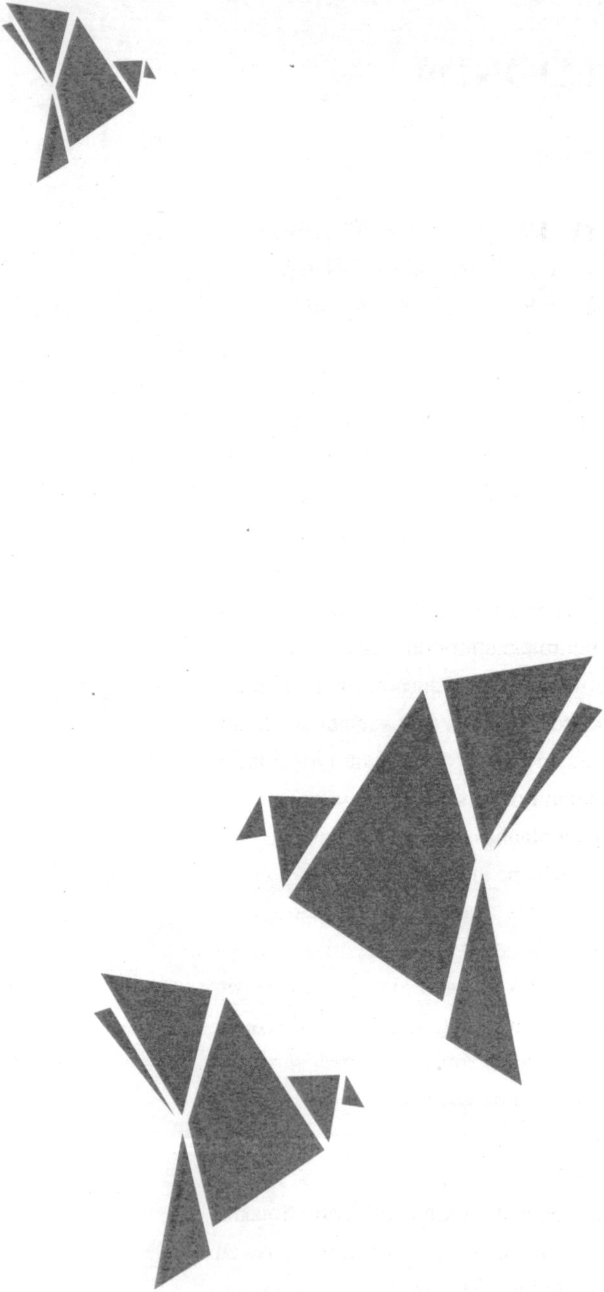

ROBERT WALTER

A JORNADA MITOLÓGICA

Encarregado de uma tarefa na aldeia vizinha, um samurai mal havia retornado à propriedade de seu senhor quando lhe contaram que um intruso acabara de matar seu mestre e fugira. Movido pelo código de honra de sua casta, o samurai saiu no encalço do assassino para vingar a morte de seu senhor. Foram semanas seguindo a pista do criminoso por montanhas, rios e florestas, até que, finalmente, o guerreiro encontrou o facínora escondido em um bambuzal e o encurralou. O valoroso samurai levantou sua espada e já estava prestes a cortar a cabeça do assassino quando, num misto de desespero e baixeza, o homem lhe cuspiu no rosto. Internamente irado com a afronta, mas sem demonstrar a menor alteração no exterior, o guerreiro então guardou sua espada na bainha e foi embora, deixando para concluir seu dever outro dia.

Entretanto, completamente indignado com a cena, o pajem que acompanhava o samurai resolveu questioná-lo sobre a razão de não ter liquidado o sujeito. E o guerreiro respondeu: "Quando ele me cuspiu no rosto, fiquei furioso. Assim, se eu o tivesse matado naquela hora, teria agido por raiva, teria sido um ato de vingança pessoal, e não em defesa da honra de meu senhor. E um samurai nunca age pela razão errada".

Não à toa, essa história – que mostra a importância de se prestar atenção ao ponto a partir do qual agimos na vida – é uma das preferidas do americano Robert Walter. Aos 70 anos, ele é o presidente da Joseph Campbell Foundation, instituição que cuida de tudo o que é relacionado à obra e ao legado do americano Joseph Campbell, um dos maiores estudiosos contemporâneos do universo dos mitos. Ex-diretor, escritor e produtor teatral da Broadway, tendo trabalhado ainda com a prestigiosa Royal Shakespeare Company, Robert Walter começou seu trabalho ao lado de Joseph Campbell em 1979, ajudando-o a editar várias de suas obras. E, assim como Campbell, ele defende que os mitos são uma chave preciosa para termos acesso ao nosso próprio modo de ser e de agir no mundo. "Embora ocorram em épocas, locais e com personagens diferentes, no fundo, os mitos tratam das mesmas experiências pelas quais todos nós passamos", diz Robert Walter. "As histórias dos mais variados povos fornecem um repertório valioso de ensinamentos que podem ser muito úteis para nossa vida."

JOSEPH CAMPBELL DIZIA QUE TUDO NA VIDA COMEÇA COM UMA HISTÓRIA. ASSIM, PARA COMEÇARMOS, QUE TAL CONTAR UMA HISTÓRIA QUE TENHA UM SIGNIFICADO ESPECIAL PARA O SENHOR?

Com muito prazer. Aliás, esta era uma das histórias favoritas de Joseph Campbell. Certa vez, uma tigresa faminta, e já prestes a dar à luz, saiu para caçar. Ela logo encontrou um pequeno rebanho de cabras e saltou para cima dos animais, mas eles se dispersaram. Acontece que, com todo o esforço, a tigresa teve o filhote ali mesmo, onde havia caído, e morreu pouco depois. Curiosas, as cabras foram voltando lentamente e encontraram o filhotinho recém-nascido. E, como têm um tremendo instinto familiar, elas resolveram criar o pequeno felino, que cresceu acreditando ser um bode. Isso significava, por exemplo, que ele só comia grama e vegetações rasteiras, o que, obviamente, lhe deixou com um aspecto bem deplorável. Eis, então, que, certo dia, um enorme tigre sentiu o cheiro do rebanho e pulou para cima das cabras, que, novamente, se dispersaram – todas, exceto o filhotinho. Ao ver aquela criatura esquálida, o felino perguntou: "Mas... o que é você?". E o jovenzinho disse: "Eu sou um bode", soltando um mirrado som de "béééé...". "Você não é um bode!", gritou o poderoso tigre, abismado por encontrar um semelhante seu vivendo em condições tão degradantes.

Então, decidido a acabar com aquele absurdo, ele pegou o fedelho pelo cangote e foi até um lago, onde suspendeu o tigre sobre o espelho d'água e disse: "Está nos vendo? Eu sou um tigre. Você é um tigre". Mas o animalzinho soltou outro "bééé...". Com toda paciência, o tigre resolveu levar o teimoso até sua toca, onde ele ainda tinha carne de caça fresca. Chegando lá, ele arrancou um grande pedaço de carne da coxa de uma gazela e empurrou na direção do pequeno tigre, que cerrou a boca com nojo, dizendo: "Eu sou vegetariano". Aí já era demais. O felino enfiou o suculento naco de carne pela goela do tigrinho, que tentou cuspir, refugar, mas acabou engasgando. E aí, depois que um tanto suficiente do sangue da gazela desceu pela goela do tigrinho, ele sentiu todo o seu corpo despertar e foi logo soltando um tímido, mas definitivo rugido: "roarrr".

Joseph Campbell dizia que, nessa história, o tigre engasgou com a verdade, assim como, um dia, deve acontecer conosco, pois todos nós somos tigres vivendo como bodes. É uma metáfora maravilhosa, que nos conclama a viver a nossa verdadeira essência e que se relaciona a várias das coisas que associamos a Joseph Campbell, como a orientação de que devemos perseguir a nossa **bem-aventurança** na vida.

Persiga a sua bem-aventurança e não tenha medo, que as portas se abrirão, lá onde você não sabia que havia portas. (Joseph Campbell)

A HISTÓRIA DESSE FILHOTE QUE VIVE UMA VIDA DUPLA, DE TIGRE E DE BODE, ME LEMBROU DE UMA FRASE DO ESCRITOR INGLÊS ALDOUS HUXLEY, QUE DIZ: "O HOMEM É UM ANFÍBIO QUE VIVE SIMULTANEAMENTE EM DOIS MUNDOS [...] O MUNDO DA MATÉRIA, DA VIDA E DA CONSCIÊNCIA, E O MUNDO DOS SÍMBOLOS". QUAL É O PAPEL DOS MITOS NA VIDA DESSE ANFÍBIO HUMANO?

Todos os mitos e histórias buscam utilizar as coisas do mundo material, do reino do visível, a fim de dar forma e significado ao inominável, ao reino do invisível, que, do contrário, seria incognoscível. É isto o que os símbolos fazem, eles nos conduzem a uma compreensão mais profunda da realidade. Assim, ao levar a vida com a percepção dos aspectos míticos da existência, você está vivendo com a consciência de que tudo existe nesse estado dinâmico entre as esferas da matéria, como disse Huxley, e do inominável. Nesse sentido, para ser um anfíbio funcional é preciso saber transitar entre ambas as esferas. Se uma pessoa vive apenas num mundo de símbolos, corre sério risco de sofrer uma ruptura psicológica, como já aconteceu com místicos e gênios matemáticos ao longo da história. Por outro lado, se a pessoa vive apenas na esfera do mundano, pode até ser que sobreviva, mas não sei se dá para dizer que ela realmente esteja vivendo.

AGORA, É DIFÍCIL ENCONTRAR ALGUÉM QUE NÃO TENHA UM MÍNIMO DE FASCÍNIO PELAS HISTÓRIAS CONTADAS NAS MAIS VARIADAS CULTURAS. DE ONDE VEM ESSE NOSSO PENDOR PARA O UNIVERSO MITOLÓGICO?

Segundo Joseph Campbell, as raízes dos mitos podem ser encontradas em duas experiências exclusivamente humanas. Uma é o reconhecimento da morte, pois o ser humano é a única espécie que nasce sabendo que vai morrer. Você encontra uma variedade infindável de rituais e mitologias originadas dessa ideia de que a morte é o último desconhecido em nossas vidas. A outra experiência é o despertar de admiração, aquele "Ahhh!..." que soltamos quando algo nos toca de um modo indescritível, como se o tempo parasse, nos levando para fora de nós mesmos. De novo, o ser humano é a única espécie com consciência disso, que vive a partir desse lugar onde tudo pode ter significado numinoso.

Em relação a isso, há um trecho famoso do *Ulisses*, de James Joyce, que Joseph Campbell citava bastante. Um personagem está totalmente imóvel, olhando fixamente para o triângulo vermelho impresso no rótulo de uma garrafa de cerveja. De repente, alguém vai interrompê-lo, mas outra pessoa diz: “Mantenha um silêncio druida, a alma dele está muito longe. Talvez seja mais penoso se despertar de uma visão do que nascer. Qualquer objeto, quando considerado com intensidade, pode ser um portal de acesso para o éon incorruptível dos deuses”. Todos nós vivemos nessa realidade em que qualquer coisa à nossa volta pode ser um portal de acesso ao reino simbólico transcendente.

E HÁ ALGUMA DIFERENÇA SIMBÓLICA ENTRE LER UM MITO DE NOSSA PRÓPRIA CULTURA OU UM MITO DE OUTROS POVOS?

Não importa se as histórias que chegam até nós são de nossa própria cultura ou de outras tradições, os mitos sempre nos dão uma visão mais ampla de nós mesmos, eles funcionam como espelhos em que você pode dizer para si mesmo: “Opa, espere um minuto...”. Eles abrem espaço para essa interrupção do tempo. Ao entrar em contato com essas narrativas, todos vivenciamos a história profunda de **todos**. E isso é algo que se renova o tempo todo, sempre que pessoas de culturas distintas uma da outra se aproximam. Por exemplo, quando duas pessoas de tradições religiosas diferentes resolvem se casar. Essas tradições se misturam, transmitem seus legados entre si, permitindo que algo novo nasça daquele encontro.

Assim como nosso corpo remonta, por sua via genealógica, até ao peixe e mais além ainda, assim também todos temos dentro da alma tudo quanto tenha um dia palpitado na alma humana. (Hermann Hesse, escritor alemão)

ESSAS INTERAÇÕES ENTRE MITOLOGIAS DIFERENTES, EM QUE UMA NÃO QUER SOBREPUJAR A OUTRA, NO FUNDO, SÃO UM GRANDE EXERCÍCIO DE HUMILDADE, NÃO É?

Sem dúvida. Aliás, há uma lenda muito bonita na mitologia hindu que gira em torno dessa questão da humildade. Após vencer um terrível demônio, o deus Indra se encheu de orgulho e resolveu construir o palácio mais magnífico das esferas celestiais, chamando o arquiteto dos deuses para realizar a tarefa. Acontece que, toda vez que Indra vistoriava as obras, ele pedia alguma mudança para que o palácio ficasse ainda mais grandioso. Percebendo que aquela história nunca teria fim, pois os dois eram imortais, assim como pareciam ser os caprichos de Indra, o arquiteto resolveu levar a situação desesperadora até o todo-poderoso Brahma, que prometeu dar um jeito no caso.

Então, no dia seguinte, Indra recebeu a visita de um menino divinal, o mais extraordinário que já havia aparecido em seu palácio. Perguntado sobre o motivo de sua chegada, a criança respondeu: “Vim até aqui, pois ouvi dizer que você está erguendo o palácio mais majestoso que um Indra jamais teve”. Furioso com a afronta, o deus disse: “Como assim, nenhum Indra? Eu sou o único Indra”. Ao que o garoto replicou: “Eu já vi centenas de milhares de Indras surgirem e desaparecerem. Brahma abre os olhos, e um mundo é criado para ser governado por um Indra; Brahma fecha os olhos, e tudo deixa de existir”. De repente, enquanto o menino falava, uma coluna de formigas passou marchando pelo chão. Ele então apontou para as formigas e, sorrindo, disse: “Está vendo estas formiguinhas? Cada uma delas já foi um Indra que, um dia, pensou que iria construir o palácio mais majestoso que havia e, por causa de seu orgulho, despencou do estado de iluminação para as condições mais baixas". E a história segue com Indra se dando conta de toda a sua vaidade e desistindo de seu intento.

UMA BELA AULA TAMBÉM SOBRE A ACEITAÇÃO DIANTE DA IMPERMANÊNCIA E DAS CONSTANTES TRANSFORMAÇÕES DA VIDA.

Este é outro ganho que temos ao olhar para as histórias eternas, pois elas nos dão uma certa estabilidade, nos ajudam a estar mais confortáveis diante das incertezas e das mudanças, que são parte inerente da vida. Por exemplo, alguém pode estar numa situação difícil, sentindo-se ser levado pelos acontecimentos, e, de repente, se lembra da história de Odisseu – de como ele conseguiu resistir ao canto enganador das sereias atando-se ao mastro de seu navio – e essa pessoa pensa: "Puxa, queria que alguém me amarrasse a um mastro agora...". Essas imagens emergem na consciência, revelando que essas narrativas ancestrais, no fundo, falam da mesma experiência que a pessoa está vivendo hoje. Embora estejam sendo encenadas com diferentes vozes, roupas ou cenários, elas tratam da mesma vivência, de algo que é parte da própria experiência humana. No fundo, o mito é uma ponte. Ele conecta a nossa história **pessoal** com as histórias compartilhadas por toda a humanidade, com as histórias que formaram o nosso inconsciente.

Cada psiquismo transmite suas próprias características a uma imagem fundamental. É essa contribuição pessoal que torna os arquétipos vivos; cada sonhador repõe os sonhos antigos em uma situação pessoal. (Gaston Bachelard, filósofo e poeta francês)

Uma boa definição acerca do que seja um mito foi dada pela filha de uma amiga minha, que tinha 6 anos na época, durante a entrevista para entrar no jardim de infância. O psicólogo quis saber se seus pais liam para ela em casa, e a garotinha respondeu que sim, que seu pai lia muitas histórias, e a mãe lhe contava mitos gregos. Curioso, o psicólogo perguntou: "Mas você sabe o que é um mito?". Ela pensou por uns minutos e respondeu: "Um mito é uma história que não é verdade por fora, mas é verdade por dentro". Ou seja, os mitos são, ao mesmo tempo, verdadeiros e não verdadeiros. E eles nos mostram que assim também é a realidade, pois a realidade é dinâmica, não é uma coisa ou outra, não é preto ou branco, etc. Os mitos auxiliam a melhor nos situarmos em meio a essa dinâmica da existência.

PODE DAR UM EXEMPLO DE COMO UM MITO PODE AJUDAR ALGUÉM A SE SITUAR EM ALGUMA CIRCUNSTÂNCIA QUE ESTÁ VIVENDO?

Os mitos podem trazer *insights* importantes acerca das situações que vivemos. Por exemplo, você pode estar no meio de uma experiência complicada, que parece não ter saída, e, de repente, se lembra da história de Édipo ou de outros personagens cegos da mitologia. E, logo, já se pergunta: "Espere um pouco, o que eu não estou enxergando nessa situação?". Ou você se lembra da lenda de **Sísifo** e, a partir dela, toma consciência de como pode estar agindo de forma repetitiva e infrutífera, lutando contra uma situação que não tem como ser resolvida desse modo específico. As várias mitologias estão repletas de ensinamentos que podem ser colhidos por qualquer pessoa. Elas formam todo um vocabulário da alma, que pode ser muito útil em inúmeros momentos de nossa vida.

Personagem da mitologia grega que, como castigo dos deuses, passa a eternidade rolando uma pedra enorme até o topo de uma montanha, só para, ao chegar ao cume, ver todo o seu trabalho perdido quando a pedra rola morro abaixo, tendo de recomeçar tudo de novo.

SERIA ALGO COMO UM NOVO JEITO DE OLHAR A VIDA, QUE FALE MAIS DA NOSSA ESSÊNCIA?

Exatamente. Em geral, todos nós somos arrastados pelos ditames impostos pela sociedade, de que temos que ter sucesso, ser ricos, temos que ter isso ou aquilo. Joseph Campbell costumava dizer que passamos a vida tentando subir os degraus de uma escada, só para, no fim, chegar ao topo e perceber que a escada estava encostada na parede errada... Mas essa constatação não precisa ser o fim da história. Tudo bem, você passou a vida tentando subir uma escada que não tinha nada a ver com a sua essência, isso é um fato, é preciso aceitá-lo. Mas, agora que tomou consciência, a questão é: o que você vai fazer com isso? Essa é a questão, pois cada dia pode ser um dia para começar de novo.

E QUAL O CAMINHO PARA A PESSOA DESEMPENHAR O SEU PRÓPRIO PAPEL NA VIDA, EM VEZ DESSES PERSONAGENS QUE A SOCIEDADE EXIGE QUE ELA REPRESENTE?

O primeiro passo é você se livrar de todos os personagens que vem carregando pela vida. A primeira coisa realmente é esse esvaziamento. É como a história de um discípulo que, pensando já ter aprendido quase tudo o que podia, decidiu buscar o conhecimento que lhe faltava para se iluminar com o maior mestre zen da época. Recebido pelo sábio ancião em seu mosteiro, ele foi logo se gabando de toda a sabedoria que já havia acumulado e falou o motivo pelo qual estava lá. Depois de ouvir tudo pacientemente, o mestre disse: "Primeiro vamos tomar uma xícara de chá". Ele então serviu a própria xícara e, em seguida, começou a encher a xícara do jovem discípulo. Mas, mesmo com a xícara cheia, o mestre não parou de derramar o chá, que começou a transbordar sobre toda a mesa. Atônito, o rapaz ficou observando a cena até que não aguentou mais e falou: "Mestre, o chá está entornando na mesa! O senhor não está vendo que a xícara já está cheia, que não cabe mais nada nela?". O mestre colocou o bule na mesa e respondeu: "Sim, estou vendo que a xícara está cheia. Ela está tão cheia quanto você, que chegou aqui transbordando com todo o conhecimento que me disse já ter adquirido. Se você não esvaziar sua xícara, qualquer coisa que eu tentar **ensinar-lhe** será inútil, pois vai apenas transbordar, assim como aconteceu com o chá".

Mestre não é quem sempre ensina, mas quem, de repente, aprende.
(João Guimarães Rosa)

É por isso que, nas mais diversas tradições, há tantas cerimônias e rituais que podem durar horas, às vezes dias, pois isso faz com que o seu sentido de tempo mude. Os ritos alteram o seu dia a dia de tal maneira que você começa a se esvaziar, abrindo espaço para uma nova compreensão, uma nova história. Outras formas de permitir esse esvaziamento são por meio de práticas como as artes marciais, a meditação ou a dança. São todos caminhos que lhe colocam de novo em contato com quem você realmente é.

JOSEPH CAMPBELL DIZIA QUE UMA DAS GRANDES FONTES DE MITOS NO MUNDO CONTEMPORÂNEO É O CINEMA. NA TRILOGIA *O SENHOR DOS ANÉIS*, NUM MOMENTO DE ANGÚSTIA DIANTE DOS DESAFIOS, O JOVEM FRODO DIZ: "QUERIA QUE O ANEL NUNCA TIVESSE VINDO ATÉ MIM. QUERIA QUE NADA DISSO TIVESSE ACONTECIDO". AO QUE O SÁBIO GANDALF RESPONDE: "ASSIM PENSAM TODOS. [...] MAS ISSO NÃO É PARA ELES

DECIDIREM. TUDO O QUE TEMOS DE DECIDIR É O QUE FAZER COM O TEMPO QUE NOS É DADO". COLOCANDO-NOS NA PELE DE FRODO, O QUE FAZER COM O TEMPO QUE NOS É DADO?

Só há uma coisa a fazer: dance, brinque, se alegre! Não é à toa que batizei um de meus *workshops* de "Brincando nos campos do Senhor". É como afirma uma das mais belas instruções budistas, que fala sobre a importância de nossa "participação jubilosa nos sofrimentos do mundo". O *bodisatva* é aquele que, por compaixão aos demais seres, renuncia à iluminação e retorna a esta vida para alegremente participar dos sofrimentos do mundo. Quanto à hesitação e à angústia vividas por Frodo, ao dizer "Queria que o anel nunca tivesse vindo até mim", são exatamente as mesmas vividas por Cristo no jardim de Getsêmani, quando ele diz: "Pai, afasta de mim esse cálice". A diferença é que, em vez de ser crucificado, Frodo tem um tratamento melhor do destino. Mas, seja como for, essa é a condição humana. Eu sei que terei que enfrentar uma grande prova, sei que ela certamente virá – tudo bem, deixe estar; peço apenas que seja agradável, que seja com cuidado, que seja com chocolate nos lábios, sob o amparo amável de alguém. Os poetas falam sobre isso o tempo todo. É a condição humana.

EM RELAÇÃO A SE TER ESSE AMPARO AMÁVEL DE ALGUÉM, COMO O SENHOR ENXERGA A SIMBOLOGIA DO CASAMENTO, DA RELAÇÃO A DOIS?

Primeiramente, é importante lembrar que, por muito tempo, mais do que ser o fruto de uma ligação amorosa, o casamento era basicamente um contrato social. As pessoas não se casavam por amor, mas por questões políticas ou econômicas, como unificar as terras de uma determinada região ou trazer a paz entre dois povos em guerra. Esse quadro só começou a se transformar quando, de forma bastante radical para a época, os trovadores medievais passaram a cantar sobre a beleza do amor, de se unir a alguém por causa de seus sentimentos por aquela pessoa. Assim, foi particularmente no período pós-Idade Média que, ao lado de seu aspecto social, o casamento também passou a incorporar uma simbologia mítica e espiritual mais próxima daquela cantada pelos trovadores, em que o amor e a própria união em si ganham a primazia de significado.

"Nós" [...] é composto de Eu e Tu; é uma fronteira sempre móvel onde duas pessoas se encontram. E quando há encontro, então eu me transformo e você também se transforma. (Fritz Perls, psicoterapeuta alemão, criador da Gestalt-Terapia)

Dito isso, uma das principais simbologias do casamento é que ele envolve a integração de uma terceira entidade que surge na história, que é o "nós" – existe o "eu", existe o "você", e, agora, existe também o "**nós**". Você passa a se doar não apenas àquela pessoa com quem se casou, mas à própria relação em si; você transcende o seu pequeno eu pessoal para se doar a **algo** maior.

Amor é o desejo de dar algo, não de receber. Amor é a arte de produzir algo com as capacidades do outro. (Bertolt Brecht, poeta e dramaturgo alemão)

ISSO SE APROXIMA DO QUE JOSEPH CAMPBELL DIZ SOBRE A JORNADA DO HERÓI, QUE "UM HERÓI É ALGUÉM QUE DOOU SUA VIDA A ALGO MAIOR QUE ELE MESMO", QUE, QUANDO PASSAMOS A NOS DOAR AO OUTRO, "HÁ UMA GRANDE TRANSFORMAÇÃO DE CONSCIÊNCIA [...] EM QUE ANTES SE PENSAVA DE FORMA AUTOCENTRADA E PASSA-SE A PENSAR DE FORMA CENTRADA NO OUTRO".

Exatamente. Numa relação a dois, você está disposto a sacrificar o seu pequeno eu, você está disposto a sacrificar-se para o relacionamento. Assim como, nas mais variadas mitologias, o herói está disposto a sacrificar-se pela comunidade, pela tribo, etc. Isso é algo que, frequentemente, nós esquecemos ao falar dos heróis. Porque o verdadeiro herói não está lá fora no mundo agindo como um fanfarrão, querendo aparecer para engrandecer a si mesmo. O herói adentra no limiar da floresta sombria, onde ninguém ousava atravessar, ele enfrenta toda sorte de desafios simplesmente por causa de um impulso, um chamado interior para resolver algum problema pelo qual a comunidade esteja passando. O impulso do herói, e que deve ser o impulso de cada um de nós, não é a autogratificação, mas o serviço ao outro.

O QUE, NO FUNDO, DEIXA DE SER UM SACRIFÍCIO, POIS ELE ESTÁ SEGUINDO O SEU PRÓPRIO CHAMADO INTERIOR, A SUA PRÓPRIA BEM-AVENTURANÇA, NÃO É?

Isso mesmo. Você abraça a situação de bom grado, pois o impulso de ajudar o outro é algo que brota de sua essência mais verdadeira. E você também aprende a abraçar a incerteza diante do mistério da existência. Joseph Campbell falava muito sobre o fato de que, na vida, estamos sempre em queda livre em direção ao futuro. Ninguém sabe o que virá pela frente. E a grande questão é esta: você pode enxergar essa situação como uma coisa horrível, berrando desesperado enquanto cai em queda livre; ou pode acolher a situação de forma serena, como se usando uma asa-delta na descida, e dizer: “Ok, tudo bem". Todo o quadro muda de figura se, com consciência, você acolhe a incerteza diante da vida. Quando isso acontece, você não precisa se apegar a nenhuma certeza, pois você passa a não se identificar mais com a lâmpada que queima, e sim com a luz que flui através da lâmpada. Todas as tradições falam sobre essa mudança de perspectiva. É uma mudança que não altera em nada a circunstância em si, mas transforma o modo como você a vê, transforma o modo como você opta por participar na vida. Afinal, o que você quer: o sofrimento do mundo ou a participação jubilosa nos sofrimentos do mundo? A opção é sua.

MELHOR DE TRÊS

O FILÓSOFO FRIEDRICH NIETZSCHE DIZIA QUE UMA ESPÉCIE DE ORAÇÃO DE CADA PESSOA AO INICIAR O DIA DEVERIA SER UM PENSAMENTO DO TIPO "HOJE VOU DAR ALEGRIA A ALGUÉM". EM SUA OPINIÃO, QUAL DEVE SER A ORAÇÃO DE CADA PESSOA PARA COMEÇAR O DIA?

Seria esta: "Eu sou grato por todas as novas possibilidades que a vida me trouxer e, sinceramente, espero que possa abraçá-las de forma plena".

O QUE É UMA PESSOA VIRTUOSA?

Uma pessoa virtuosa é aquela que serve ao outro com pureza de intenção e de coração.

ATÉ HOJE, QUAL FOI O SEU MAIOR APRENDIZADO NA VIDA?

Meu maior aprendizado foi o de que tudo na vida muda, tudo se transforma, e que isso é algo maravilhoso.

MESA-REDONDA

Susan Miller pergunta:

"NOS ÚLTIMOS TEMPOS, TEMOS ASSISTIDO A UMA GRANDE TURBULÊNCIA NO MUNDO ÁRABE, EM TODA A REGIÃO DO NORTE DA ÁFRICA E DO ORIENTE MÉDIO. NESSE SENTIDO, HÁ ALGUM MITO QUE POSSA RETRATAR OS ACONTECIMENTOS QUE ESTAMOS VIVENDO AGORA? COMO ENTENDER O SIGNIFICADO DESSES EVENTOS EM TERMOS MITOLÓGICOS?"

Na verdade, não há como responder à primeira pergunta, pois a situação na região é tão complexa e multivariada – envolvendo desde questões econômicas e políticas até étnicas e tribais –, que é impossível falar em termos de *um* mito. No caso da segunda pergunta, de como compreender o significado desses eventos em termos mitológicos, aí sim temos uma abordagem possível, pois o que se vê agora são enormes confrontos entre perspectivas mitológicas. Por exemplo, um dos elementos em jogo ali é que, em toda a região, há uma enorme variedade de tribos e povos que remontam a séculos atrás e que são cada um deles baseados em sua própria mitologia. Ao longo da história, contudo, as potências coloniais impuseram divisões territoriais totalmente arbitrárias no norte da África e no mundo árabe, sobrepondo-se a um processo de interação ancestral que havia entre esses povos.

Joseph Campbell costumava descrever esse tipo de evento em termos físicos. Ele dizia que era como se você tivesse uma caixa com uma entrada de ar superaquecido de um lado e, do lado oposto, uma entrada de ar super-resfriado – e, no meio da caixa, houvesse uma barreira entre as correntes de ar. Esse divisor, no caso, é a perspectiva mitológica dominante, geralmente personificada em algum rei, governante ou líder religioso, que mantém as forças afastadas. Só que chega um momento em que a pressão interna é muito grande, e a barreira se rompe. E, sem a barreira que os separava, o ar quente e o frio movem-se um em direção ao outro, entram em choque e geram um tremendo quadro tempestuoso. Porém, chega um momento em que toda essa tormenta eventualmente também se resolve, transformando-se numa chuva que cai de volta para a terra, irrigando e alimentando o solo. Antes disso, contudo, é preciso passar por esse período de choque entre as forças, já que havia um tampão artificial entre elas.

PARA SE CONHECER

Site:
www.jcf.org
Livros:
O herói de mil faces, de Joseph Campbell (Pensamento)
O poder do mito, de Joseph Campbell (Palas Athena)

AMIT GOSWAMI

A CIÊNCIA DO ESPÍRITO

Numa das mais antigas histórias da mitologia indiana, um homem já estava peregrinando há dias quando, sem perceber, acabou entrando no paraíso. Chegando lá, ainda totalmente inconsciente de onde estava, foi sentar-se sob uma das sagradas Kalpatarus, as árvores dos desejos – basta estar sob uma delas, e qualquer desejo da pessoa se realiza instantaneamente. Cansado e faminto, o homem pensou: "Puxa, queria ter algo para comer". Então, do nada, apareceu um banquete delicioso à sua frente. Enquanto se fartava, imaginou: "Seria bom ter algo para beber também". Imediatamente, surgiram sucos e vinhos refrescantes. Porém, quando ele já relaxava sob a sombra da árvore, bebericando seu vinho, um pensamento lhe veio à mente: "Mas o que está acontecendo? Será que isso é um sonho ou há fantasmas por aqui, se divertindo comigo?". Eis, então, que lhe apareceram vários fantasmas assustadores. Apavorado, o homem logo pensou: "Estou perdido, esses fantasmas vão me matar". E foi morto na hora.

Para os hindus, o ensinamento dessa história é muito claro e carrega uma verdade fundamental: nossa mente é como uma árvore dos desejos – aquilo que pensamos se torna a nossa realidade. Uma ideia similar à pregada pelo físico indiano Amit Goswami, que defende uma nova visão de mundo em que é a consciência, e não a matéria, a origem de tudo o que existe. Filho de um guru hinduísta, ele é Ph.D. em física quântica pela Universidade de Calcutá, na Índia, e professor emérito do Instituto de Física da Universidade de Oregon, nos EUA, sendo um dos pioneiros nos estudos que buscam conciliar a ciência e a espiritualidade.

Aos 79 anos, escreveu vários livros que se tornaram *best-sellers* mundiais, ficando conhecido também por sua participação no filme *Quem Somos Nós?*, no qual expõe muitas das ideias que fizeram dele um dos principais físicos da atualidade. Como ele afirma: "A consciência é o fundamento de todo o ser. Além de nosso lado racional, temos que integrar nosso lado místico e intuitivo. Desse mergulho em nossa paisagem interna é que vem o salto quântico que nos permite agir com foco e direção".

VAMOS COMEÇAR PELO SUBTÍTULO DE SEU LIVRO *O UNIVERSO AUTOCONSCIENTE*, QUE DIZ: "COMO A CONSCIÊNCIA CRIA O MUNDO MATERIAL".
ESSA É UMA IDEIA MUITO PECULIAR, JÁ QUE, NA VISÃO CIENTÍFICA PREDOMINANTE, A ORIGEM DA CONSCIÊNCIA, ASSIM COMO DE TODAS AS COISAS, SERIA A MATÉRIA. DE QUE FORMA EXATAMENTE A CONSCIÊNCIA CRIA O MUNDO?

De fato, segundo a visão predominante hoje, a matéria está na base de todas as coisas, que são explicadas como sendo o resultado da interação entre as partículas elementares da matéria. As partículas criam átomos, os átomos criam moléculas, as moléculas criam células, as células se diferenciam em células cerebrais, e estas, por sua vez, finalmente produzem a consciência. Ou seja, a consciência se torna um mero objeto, ela é apenas um resultado secundário do processo cerebral, que, por sua vez, começou lá nas partículas elementares. Nesse paradigma atual, aquilo que chamamos de vontade, por exemplo, não existe, pois, como causa de tudo, estaria apenas a matéria.

Por outro lado, o novo paradigma da física quântica nos mostra que todas as coisas começam a partir da consciência, que é a consciência que cria o mundo, ela é o fundamento de todo o ser. Os objetos, na física quântica, são considerados ondas de possibilidades. Em cada objeto, existe uma realidade em potencial, mas ela permanece em potencial até que a consciência esteja pronta para expressar a si mesma. É a consciência que faz a escolha entre as várias possibilidades existentes, e, então, o objeto ganha realidade – isso é o que chamamos de salto quântico. Ou seja, a consciência transforma as **possibilidades** em realidade.

Eu habito na
Possibilidade [...]
De Quartos como
os Cedros –
Inexpugnável
ao Olhar –
E por Teto
Duradouro
Os Telhados
do Céu –
(Emily Dickinson,
poeta americana)

QUANDO FALAMOS SOBRE ESSE CAMPO DE INFINITAS POSSIBILIDADES, ME VÊM À MENTE FILMES COMO *EFEITO BORBOLETA* E *CORRA, LOLA, CORRA*, NOS QUAIS SE MOSTRA COMO QUALQUER OPÇÃO QUE FAZEMOS NA VIDA – MESMO AS MAIS COMUNS, COMO DOBRAR OU

NÃO UMA ESQUINA – PODE MUDAR TODA A NOSSA EXISTÊNCIA. NESSE SENTIDO, O SENHOR PODERIA FALAR SOBRE A IMPORTÂNCIA DE SE FAZER ESCOLHAS CERTAS, JÁ QUE, NO FINAL, SÃO ESSAS ESCOLHAS QUE CRIAM A NOSSA REALIDADE?

Primeiramente, é essencial escolher por conta própria, e não ditados por outros. Isso já é alguma liberdade, mas é apenas o primeiro passo, pois, na maioria das vezes, nossas opções ainda são completamente dependentes de nosso condicionamento social. De forma sutil, sem que nos demos conta, ao fazer qualquer opção, nós incorporamos o modo de pensar da sociedade, nos baseando na opinião das outras pessoas sobre aquilo. Nesse sentido, eu só me torno a minha própria pessoa quando realmente faço uso de meu pensamento original, e a criatividade é a base de todo o pensamento original. Quando somos crianças, nossa vida é cheia de descobertas criativas. O problema é que, na idade adulta, nos esquecemos disso e ficamos confortáveis no casulo do condicionamento de nosso ego.

Mas não temos que ficar dentro dos limites impostos por nosso condicionamento social, fazendo só o que já foi feito e testado pelos outros antes, pois, desse modo, nos tornamos um mero dado estatístico, de comportamento pobre e previsível. É assim, por exemplo, que os marqueteiros preveem o comportamento do consumidor. Porém, quando somos originais, ninguém pode prever nosso comportamento, somos uma pessoa completa, integral. E este é o primeiro objetivo do ser humano, tornar-se, de fato, uma pessoa. A liberdade da consciência para escolher entre as várias possibilidades somente é plenamente utilizada ao optarmos por algo novo. Mas, como eu disse, a tragédia humana é que nos tornamos condicionados, usamos apenas uma espécie de fac-símile da verdadeira liberdade. Temos uma série de opções, mas escolhemos sempre as condicionadas. Nunca fazemos nada de inesperado. Será que, nem que seja uma vez, não podemos optar por algo realmente inesperado? Essa é a questão.

ISSO ME LEMBRA DE ALGO DITO PELO MESTRE INDIANO OSHO: "QUANDO TIVER QUE ESCOLHER ENTRE DUAS ALTERNATIVAS, ESCOLHA SEMPRE A NOVA, A MAIS 'DIFÍCIL', AQUELA NA QUAL É NECESSÁRIA UMA PERCEPÇÃO MAIOR".

Exatamente. Como no trecho de um famoso poema de **Robert Frost**, é preciso seguir pela "estrada menos percorrida". Quando temos uma encruzilhada diante de nós, quando temos dois caminhos a seguir, se conseguimos optar pela estrada menos percorrida, isso nos abre para a *verdadeira liberdade*. Entretanto, isso raramente acontece. Por quê? Porque é mais arriscado. A estrada menos percorrida é muito assustadora, pois só Deus sabe que obstáculos podemos encontrar por lá. Com isso, acabamos sempre optando pelo caminho batido, por onde as outras pessoas já passaram antes, várias e várias vezes. Mas, a toda hora, é preciso nos lembrarmos daquilo que a nova ciência está mostrando: que há forças criativas dentro de nós, que, em vez de escolher os aspectos condicionados do mundo, podemos viver a partir desse estado de consciência pautado pela criatividade.

Duas estradas separavam-se num bosque amarelo,
Pena eu não poder seguir por ambas [...]
Mesmo sabendo como caminhos sucedem a caminhos,
Duvidava se alguma vez lá voltaria. [...]
Duas estradas separavam-se num bosque, e eu –
Eu segui pela estrada menos percorrida,
E isso fez toda a diferença.
(Trecho de *A estrada não percorrida*, em tradução livre, do poeta americano Robert Frost)

ENTÃO, EM VEZ DO QUE GERALMENTE SE DISCUTE, QUE NOSSAS ESCOLHAS SE DÃO ENTRE O BEM E O MAL, NA VERDADE, O TEMPO TODO ESCOLHEMOS É ENTRE O CONDICIONAMENTO E A CRIATIVIDADE?

Sim, exatamente. Nosso problema é a propensão a agir sempre do modo como já fizemos antes. Com isso, vamos perdendo a nossa criatividade, aquilo que nos faz humanos. Mais que isso, o condicionamento nos faz esquecer nossa própria divindade, o imenso poder criativo que temos. Quando somos criativos, de uma forma ou de outra, acabamos seguindo o que é bom. Ocasionalmente, contudo, as coisas podem não acontecer exatamente assim. Isso ocorre quando o fruto de nossa criatividade carrega em si uma ambiguidade, e não temos controle sobre a forma como a sociedade irá utilizá-lo. Por exemplo, muitos físicos tiveram grande papel na descoberta da bomba atômica, mas não tiveram nenhum controle sobre como a utilizar. O Presidente dos EUA, sim, teve controle, e a usou para matar milhares de pessoas.

Situações como essa nem sempre são fáceis, mas isso não nos impede de ser criativos. O que é preciso é tomar muito cuidado com as consequências de nossa criatividade. Cada um de nós deve tomar alguma responsabilidade em relação aos frutos de sua criatividade. Isso é algo muito importante, sobretudo agora, com o que vem ocorrendo no mundo nas últimas décadas. Criou-se uma quantidade imensa de tecnologia, mas as pessoas por trás disso não têm mostrado muita responsabilidade. Por exemplo, queixa-se constantemente dos males do terrorismo, mas quem deu as armas para os terroristas?

Essas armas são criadas por Estados nacionais, como os EUA, a Alemanha e a França, esses são os grandes vendedores de armas no planeta. É nesse sentido que nos falta um senso de direção. Esse é o **problema**, não estamos assumindo a responsabilidade por nossas ações, e isso se dá tanto em nível global quanto individual.

O pior dos problemas da gente é que ninguém tem nada com isso.
(Mario Quintana, em *Caderno H*)

E O QUE PODE NOS AJUDAR A ENCONTRAR ESSE SENSO DE DIREÇÃO?

Antes de qualquer coisa, temos que abandonar essa visão condicionada de que tudo é apenas matéria. Uma percepção materialista da vida serve apenas para denegrir toda a nossa experiência interna. Porém, coisas como propósito, significado, sentido, tudo isso nasce apenas a partir de nós, vem de níveis mais altos de nossa existência, de nossa consciência, de nossa energia vital, de nossa capacidade intuitiva. O que acontece é que nós denegrimos nossa intuição, não a valorizamos mais. Nós até intuímos que devemos ser bons, que o amor é a melhor coisa que pode nos acontecer, mas não damos valor a essa intuição. Então, gradualmente, abandonamos o amor em troca de sexo barato, abandonamos os sentimentos e pensamentos mais elevados de nossa vida em troca de competitividade e de emoções ordinárias. E é isso o que acontece em nossa sociedade, em que a ganância e a avareza são o tema dominante – ganância significa isto: "Eu não quero compartilhar". É esse paradigma materialista o responsável por toda a destruição que temos visto no planeta.

Nesse sentido, temos um papel importantíssimo a desempenhar, que é o de fazer um movimento para dentro de nós mesmos, de nos voltarmos para o nosso interior. Desse mergulho em nossa paisagem interna, em nossa intuição, é que vem o salto quântico, o *insight* que nos permite agir de forma correta, com foco e direção. Nós poderemos transformar a nossa realidade de forma significativa quando passarmos a viver da forma como intuímos. É ao focalizar nossa vida interna que a existência externa, de fato, ganha significado. E, felizmente, o movimento universal da consciência está favorecendo isso – **Deus** está do nosso lado, Ele está do lado de todos.

Para os crentes, Deus está no princípio de todas as coisas. Para os cientistas, no final de toda reflexão. (Max Planck, físico alemão, ganhador do Prêmio Nobel e considerado o pai da física quântica)

OU SEJA, A QUESTÃO NÃO É NEGAR AS DEMANDAS DA VIDA EXTERNA E MATERIAL, MAS EQUILIBRAR ESSES ASPECTOS DA EXISTÊNCIA COM O NOSSO LADO INTUITIVO?

Sim, isso é essencial. Costumo dizer que todos nós temos dois lados. Um seria o lado Isaac Newton, que busca compreender tudo de forma racional, objetiva, matemática. O outro seria o lado William Blake, o místico, o poeta, que compreende o mundo de forma muito mais direta, intuitivamente, que baseia sua percepção na esfera intuitiva. A integração desses dois aspectos, o materialista e o místico, o racional e o intuitivo, objetividade e **imaginação**, é algo fundamental que todos temos que buscar. Caso se insista no paradigma atual, em que há uma dependência excessiva na racionalidade, tomaremos sempre a direção errada, pois a capacidade racional não dá conta de todos os aspectos da vida. Há uma série de coisas que não conseguimos controlar, como a força das emoções negativas – elas eventualmente acabam nos levando a tomar atitudes que, a princípio, não queremos tomar.

Eis que a Ciência, esse sistema exato de conhecimentos, ultrapassa os campos da imaginação... Cuidado, artistas, escritores, poetas, homens que viveis de criar mundos imaginários! Os cientistas, dentro do seu minucioso mundo matemático, invadem também o vosso, e com que grau de beleza! (Vinicius de Moraes, em *Para viver um grande amor*)

Vamos supor que, durante nossa conversa, por alguma diferença cultural, você tivesse dito algo que soasse como uma pequena ofensa, e eu ficasse irritado. A quem isso iria ajudar? A ninguém; não ajudaria a mim, a você, à sociedade. Mas, mesmo assim, o tempo todo fazemos esse tipo de coisa, pois sempre caímos nesse circuito emocional negativo, que não podemos controlar. E isso não é uma coisa não racional; isso é uma coisa irracional.

E A INTUIÇÃO FUNCIONA COMO UMA ESPÉCIE DE ANTÍDOTO CONTRA ESSA IRRACIONALIDADE DO RACIONAL?

Pegando de novo o exemplo de nossa conversa, vamos supor agora que você mencione algo que me agrade. A voz da intuição, então, diz: "Veja só, este é um verdadeiro irmão, que ótimo, vou tentar ser realmente útil, de todas as formas que eu puder". Porém, logo vem outra voz: "Mas, espera aí, eu deveria olhar mais em meu próprio interesse, por que dar minha ajuda para esta pessoa?" – esse é o pensamento racional. E o problema é que, em geral, nós tendemos a escutar o egoísmo racional, em vez de ouvir o altruísmo não racional, intuitivo. Temos que parar com isso, é preciso dar o salto! O que você tem a perder? Talvez você se machuque, talvez não. É preciso correr o risco.

Amar significa estar vulnerável. E é por isso que nós não amamos, pois sempre optamos pela escolha racional, que nos impede de dar o salto. E tudo por quê? Porque ficamos achando que o outro pode nos machucar, que pode tirar vantagem de nós, que pode querer algo difícil de fazermos. Na maioria das vezes, a pessoa não faria nada disso, mas não queremos correr o risco. Tudo pelo fato de vivermos um tipo de racionalidade que sempre se desvia para a irracionalidade das emoções negativas, nos esquecendo da não racionalidade da dimensão intuitiva.

EM SEU LIVRO *O MÉDICO QUÂNTICO*, O SENHOR TAMBÉM ESCREVE SOBRE A NECESSIDADE DE SE INTEGRAR A MEDICINA TRADICIONAL E A ALTERNATIVA. PODE FALAR SOBRE ISSO?

No campo da medicina, nós nos tornamos tão dependentes de drogas para nos mantermos livres da dor, nós as ingerimos tão irrefletidamente, que não percebemos uma triste realidade: esses medicamentos farmacêuticos que prometem aliviar o sofrimento, no fim, quase sempre trazem ainda mais dor, pois têm danosos efeitos colaterais, que eventualmente cobram seu preço no corpo. No fundo, é como se estivéssemos tomando veneno, sob a forma dos efeitos colaterais. A alopatia tem um papel importante, sem dúvida, mas ela deve ser usada como uma medicina emergencial, para nos manter vivos em situações de emergência. A verdadeira saúde significa viver em completude, e é isso o que propõe a nova medicina holística, que integra práticas já comprovadas, como a acupuntura e a homeopatia. À medida que aprendermos a cuidar de nós mesmos de forma mais holística, vamos viver por mais tempo e com mais saúde.

EM RELAÇÃO AO QUE NOS ESPERA, ALBERT EINSTEIN DISSE: "A IMAGINAÇÃO É TUDO. É UMA PRÉVIA DAS PRÓXIMAS ATRAÇÕES DA VIDA". NESSE SENTIDO, LEMBRANDO ALGO QUE O

SENHOR ABORDA NO LIVRO O *ATIVISTA QUÂNTICO*, COMO A IMAGINAÇÃO CRIATIVA PODE NOS AJUDAR A TRANSFORMAR A NÓS MESMOS E AO MUNDO, FAZENDO O MELHOR DAS "PRÓXIMAS ATRAÇÕES DA VIDA"?

Essa transformação está disponível a todos nós, basta começarmos a prestar mais atenção aos nossos aspectos intuitivos, e eles nos levarão para a direção certa. Temos apenas que nos tornar sensíveis à intuição. Inicialmente, nossas intuições são um pouco obscuras, mas, assim que começamos a prestar atenção, elas se tornam bem claras. Fica claro o quanto nossas escolhas não são tão obscuras assim: que o amor é mais satisfatório do que o sexo sem sentido, que ser bom para os outros é uma forma muito mais satisfatória de viver do que quando somos egoístas, etc. Quando estamos desatentos, parece que a ganância é o caminho a seguir, que a luxúria é o caminho a seguir, e vamos servindo apenas ao propósito de ser o "número um". Mas, assim que passamos a prestar atenção à nossa dimensão intuitiva, as coisas mudam.

Dar o salto da intuição para a criatividade não é algo tão difícil assim. Qualquer um pode fazê-lo. Motivação é que é a questão. Será que estou motivado o suficiente? Mais que isso, qual é a minha motivação? Pois, se a motivação é a ganância, por exemplo, ainda há um problema aí. Enquanto uma pessoa for egoísta, sujeita ao campo das emoções negativas, não pode ter uma motivação verdadeira. Mas a salvação nesse caso é que, quando muitas pessoas estão sob o domínio das emoções negativas, a sociedade entra em crise. E, hoje, o que vemos são mais e mais crises.

Com isso, mais e mais pessoas estão se fazendo esta pergunta: "Afinal, o que está errado conosco?". Nós precisamos acordar, ouvir nossa intuição, perceber que há duas forças atuando aqui: uma que nos faz ser cada vez mais condicionados e outra que nos conduz para uma existência mais criativa. Essa **compreensão** é fundamental. Assim que recuperarmos o nosso poder criativo, não haverá nada que nos impeça de mudar, a nós e ao mundo. Nós podemos mudar, mas temos que ser criativos.

Ó, meu coração, se desejas chegar ao princípio da compreensão, caminha com cuidado. Para cada átomo há uma porta diferente, e para cada átomo há um caminho diferente que conduz ao Ser misterioso de que estou falando. [...] Cada um dos sopros que medem tua existência é uma pérola, e cada um dos teus átomos é um guia para Deus. (Trecho do livro *A conferência dos pássaros*, do poeta sufi Farid ud-Din Attar)

MELHOR DE TRÊS

O FILÓSOFO FRIEDRICH NIETZSCHE DIZIA QUE UMA ESPÉCIE DE ORAÇÃO DE CADA PESSOA AO INICIAR O DIA DEVERIA SER UM PENSAMENTO DO TIPO "HOJE VOU DAR ALEGRIA A ALGUÉM". EM SUA OPINIÃO, QUAL DEVE SER A ORAÇÃO DE CADA PESSOA PARA COMEÇAR O DIA?

Há muitas formas de oração, mas gosto muito daquilo que a física quântica nos diz, que a nossa intenção conta, que a intenção pode ser um instrumento para nos sintonizarmos com o movimento maior da consciência. O segredo é deixar as minhas intenções pessoais se alinharem com esse movimento evolutivo da consciência. Para tanto, a cada momento, é essencial ter clareza sobre qual é o arquétipo que está pedindo mais a nossa atenção – amor, beleza, justiça, verdade, bondade, abundância, tudo isso é parte do nosso eu, tudo é uma busca legítima. Então, uma vez que isso esteja claro, eu manifesto a intenção de realizar esse arquétipo em minha vida. Sempre lembrando duas coisas essenciais:

que a minha intenção deve incluir os outros e que, na realidade, não é a minha intenção que de fato vai fazer algo, pois tudo acontece no nível da consciência holística, não local, que é a consciência de todos.

Em suma, digamos que a minha intenção é ser mais amoroso, então eu posso dizer: "Que eu e todos os seres sejamos mais amorosos e que minha intenção entre em ressonância com a intenção da vontade divina". Em seguida, eu me calo. Porque toda oração deve acabar em silêncio – em palavras, é só o ego falando; somente no silêncio a consciência não local pode se manifestar. É assim que eu começaria a minha manhã.

O QUE É UMA PESSOA VIRTUOSA?

Uma pessoa virtuosa é aquela que está aberta à intuição, é alguém cujo foco na vida está direcionado à criatividade, pois a virtude não é meramente uma questão de decisão racional. Por exemplo, eu posso me propor a ser uma pessoa calma, tranquila, mas, diante da menor contrariedade, logo perco a paciência, fico com raiva, irritado. Todas as nossas boas intenções desaparecem quando caímos nesses circuitos cerebrais da emoção negativa. Nesse sentido, uma pessoa virtuosa é aquela que reconhece que esse tipo de emoção negativa não é do interesse de ninguém e, a partir desse reconhecimento, busca viver de forma aberta, criativa, a tudo aquilo que se opõe a esse reino da negatividade, sintonizando-se com sentimentos como a equanimidade, o sossego, a paz. Uma pessoa virtuosa é aquela que convida o arquétipo da paz para a sua vida; é alguém que busca se aproximar de tudo de forma intuitiva, aberto para as virtudes – é isso que, eventualmente, equilibrará os circuitos das emoções negativas, permitindo que essas virtudes instalem-se como circuitos emocionalmente positivos.

ATÉ HOJE, QUAL FOI O SEU MAIOR APRENDIZADO NA VIDA?

Na verdade, *o* maior aprendizado é difícil dizer, mas acredito que seja isto: a percepção de que a **consciência** é a base de todo o ser, e que se pode fazer ciência a partir dessa base – esse foi o conhecimento mais divino que recebi até hoje.

À medida que progredimos e despertamos para a alma em nós e nas coisas, percebemos que há uma consciência também na planta, no metal, no átomo, na eletricidade, em tudo o que pertence à natureza física. (Sri Aurobindo, filósofo, poeta e líder espiritual indiano)

MESA-REDONDA

Donovan e Susan Thesenga perguntam:

"A EXPERIÊNCIA DO DESPERTAR ESPIRITUAL MOSTRA QUE TUDO É UM. PORÉM, HÁ UM NÍVEL DE VERDADE AINDA MAIS PROFUNDO, QUE APONTA PARA O VAZIO QUE RESIDE NO INTERIOR DO UM. ESTE É O NÍVEL QUE BUDA CHAMOU DE 'O VAZIO', E QUE TALVEZ TAMBÉM POSSAMOS NOMEAR COMO '*NIRGUNA BRAHMAN*'. O SENHOR JÁ EXPERIENCIOU PESSOALMENTE ESSE NÍVEL? SE SIM, COMO ISSO MUDOU A SUA MANEIRA DE LEVAR A VIDA?"

Nós nunca *experimentamos* a consciência sem a divisão de suas possibilidades. Qualquer experiência, por definição, envolve uma cisão sujeito-objeto. Nesse sentido, o estado que chamamos de *savikalpa samadhi* é o ponto mais profundo que podemos atingir no nível pessoal da experiência, quando vemos claramente que somos filhos de Deus. Porém, a sabedoria oriental também se refere a outro tipo de estado chamado *nirvikalpa samadhi* – *nirvikalpa* significa "sem cisão", sem separação sujeito-objeto. *Nirvikalpa samadhi* é uma espécie de estado inconsciente de consciência, que contém em si todas as possibilidades. E esse estado não pode ser experienciado pela personalidade. Quando alguém se entrega totalmente ao Um, esse estado surge de forma natural, como se fosse uma espécie de sono profundo, só que mais profundo ainda.

Ao falar sobre isso, o sábio e místico indiano Swami Sivananda diz que, na forma mais profunda de *nirvikalpa samadhi*, "o mundo desaparece de vista, e o *jnani* (pessoa sábia) repousa sobre o *Brahman* puro e sem atributos". Esse tipo de estado a que Sivananda se refere é chamado *turiya*. Nesse estado de vacuidade, sem atributos, não há mais alguma "coisa" a se manifestar; todos os desejos de manifestação se foram. Usando a linguagem de Buda, isso é *nirvana*.

PARA SE CONHECER

Sites:
www.amitgoswami.org
www.amitgoswami.com.br
Livros:
Criatividade quântica – como despertar o nosso potencial criativo, de Amit Goswami (Aleph)
A física da alma, de Amit Goswami (Aleph)

STANISLAV GROF

A CONSCIÊNCIA HOLOTRÓPICA

"Eu mal fechara os olhos, e um enorme cristal colorido surgiu diante de mim. Dele emanavam diversas figuras, todas formadas por linhas luminosas que se misturavam a meu corpo, que também irradiava luz. Era uma sensação indescritível, de unidade entre todas as coisas. De repente, esse cristal tomou a forma de uma serpente luminosa que foi me engolindo, como se eu entrasse por um túnel dentro de mim mesmo. Então, à minha frente, apareceu um ser celestial, uma espécie de anjo, que senti estar ali para explicar o sentido da minha vida. E, nesse momento, como se lesse meus pensamentos, ele disse: 'O Bem é a Verdade'".

Relatos impressionantes como esse compõem o universo das experiências com os estados ampliados de consciência, como são chamados pelo psiquiatra checo Stanislav Grof. Nascido em 1931, em Praga, e radicado nos EUA, Grof é considerado um dos principais nomes no campo das pesquisas sobre consciência no mundo. Há mais de cinco décadas, ele estuda o potencial terapêutico e autotransformador dos estados ampliados de percepção, que podem ser induzidos por substâncias psicoativas ou por outras formas, como a dança e a repetição de mantras. Ele também chama esses estados de "holotrópicos", termo que significa "em direção ao todo" e que foi usado para batizar a respiração holotrópica, um método de terapia desenvolvido por ele e sua esposa, Christina Grof, que se baseia em respiração acelerada, música e trabalho corporal.

Com 20 livros publicados, em mais de dez idiomas, Stanislav Grof também é um dos criadores da psicologia transpessoal – cujo nome foi dado por ele –, tendo organizado vários seminários internacionais que reuniram personalidades como Fritjof Capra, Madre Teresa de Calcutá e o Dalai Lama. Ao destacar a importância dos estados ampliados de consciência, é como se Grof, em vez do cartesiano "Penso, logo existo", estivesse a nos dizer: "Transcendo, logo existo". "No estado comum de vigília, operamos num nível muito abaixo de nosso potencial, pois nos identificamos apenas com uma parte de nosso ser, o corpo e o ego", diz Grof. "É preciso transcender os limites estreitos de nossa mente, para nos unirmos às dimensões transpessoais e espirituais de nosso verdadeiro ser."

EM UM MOMENTO DECISIVO DO PRIMEIRO FILME DA TRILOGIA *MATRIX*, O HERÓI NEO TEM QUE FAZER A ESCOLHA ENTRE ENGOLIR DUAS PÍLULAS: VERMELHA, PARA CONHECER A VERDADE, OU AZUL, PARA CONTINUAR A VIVER NO MUNDO QUE ELE ACREDITAVA SER REAL. IMAGINANDO QUE AGORA

ENGOLIMOS A PÍLULA VERMELHA, COMO NEO FEZ, O QUE VAMOS ENCONTRAR NESTE UNIVERSO QUE O SENHOR CHAMA DE HOLOTRÓPICO, DOS ESTADOS AMPLIADOS DE CONSCIÊNCIA?

Os estados ampliados de consciência envolvem experiências em dimensões normalmente invisíveis da realidade cotidiana; dimensões invisíveis, mas, sem dúvida, bastante reais. Em última instância, são elas que determinam o que está acontecendo aqui. Costumo dizer que elas *formam* e *informam* tudo o que acontece no mundo conhecido. São dimensões ligadas principalmente ao reino dos arquétipos, como descritos pelo psicanalista suíço C. G. Jung. Povos indígenas e ancestrais, por exemplo, sempre usaram os estados ampliados de consciência como o principal veículo para o contato com as esferas da vida espiritual e arquetípica – divindades, reinos mitológicos, animais de poder, as forças sagradas da natureza, etc.

Quanto à experiência em si, esses estados holotrópicos se caracterizam por profundas mudanças de percepção, com vivências cujo conteúdo pode envolver sequências de morte e renascimento psicológicos e um amplo espectro de fenômenos transpessoais, como experiências de vidas passadas ou um sentimento de unidade com as outras pessoas, a natureza, o cosmos e Deus. Os estados holotrópicos nos ajudam a reconhecer que não somos apenas "egos encapsulados na pele", como disse o filósofo americano Alan Watts, mas que, em última instância, somos unidos ao princípio cósmico criativo em si. Como afirmou o teólogo francês Pierre Teilhard de Chardin: "Nós não somos seres humanos tendo experiências espirituais, somos seres espirituais tendo experiências humanas".

EM RELAÇÃO A ESSES ESTADOS AMPLIADOS DE CONSCIÊNCIA, NO LIVRO *AS PORTAS DA PERCEPÇÃO*, O ESCRITOR INGLÊS ALDOUS HUXLEY DIZ QUE NOSSO CÉREBRO, NA VERDADE, É UMA ESPÉCIE DE "VÁLVULA REDUTORA", QUE NOS PROTEGE DE SER ESMAGADOS PELA TORRENTE DE INFORMAÇÕES CÓSMICAS DISPONÍVEIS PARA NOSSA CONSCIÊNCIA COMUM, QUE AINDA NÃO ESTARIA PREPARADA PARA ISSO. E, SEGUNDO ELE, AS SUBSTÂNCIAS PSICOATIVAS ATUAM NO CÉREBRO ABRINDO UM POUCO ESSA VÁLVULA, NOS DANDO UMA EXPERIÊNCIA MAIS AMPLA DA REALIDADE. O SENHOR CONCORDA COM ESSA VISÃO?

Totalmente. Jung chegou à mesma ideia após seus estudos sobre a sincronicidade, concluindo que a consciência não é apenas um produto de processos neurofisiológicos no cérebro, mas é algo muito mais fundamental, que permeia toda a existência. E, nos estados holotrópicos, nossa psique individual, de certa forma, participa dessa matriz cósmica, o que nos leva ao reconhecimento de nossa verdadeira identidade, que vai muito além do nosso corpo e do nosso ego. Nós transcendemos os limites estritamente individuais de quem pensamos que somos para nos unirmos às dimensões espirituais e arquetípicas de nosso ser. Nesse sentido, não é exagero afirmar que, no âmbito psicológico, os estados ampliados de consciência desempenham o mesmo papel do microscópio na medicina ou do telescópio na astronomia. Eles ampliam a nossa capacidade para enxergar quem somos de verdade.

ALGUNS ESTUDIOSOS CHEGAM A AFIRMAR QUE O PRIMEIRO CONTATO DO *HOMO SAPIENS* COM UMA

SUBSTÂNCIA PSICOATIVA ESTARIA NA PRÓPRIA GÊNESE DA CONSCIÊNCIA HUMANA. O QUE O SENHOR ACHA DISSO?

As substâncias psicoativas definitivamente tiveram um papel muito importante na história da humanidade. Uma perspectiva interessante foi apresentada pelo pesquisador americano Terence McKenna, autor do livro *O alimento dos deuses*, que afirmava que o consumo dos cogumelos psicoativos foi fundamental na evolução do homem, para que ele saltasse de um estágio pré-humano até o de um ser humano consciente. Ainda hoje, é comum ouvir que o uso de substâncias psicoativas é algo alheio à cultura ocidental, praticado apenas em sociedades "primitivas". Mas, na Grécia Antiga, por exemplo, aconteciam diversas cerimônias sagradas, como os Mistérios de Elêusis ou os ritos dionisíacos, e há vários indícios do uso de bebidas psicoativas como base desses rituais. Na verdade, o enorme impacto que cerimônias desse tipo tiveram sobre a cultura grega, que é considerada o berço da civilização ocidental, deve ser o segredo mais bem guardado da história. Muitas das grandes figuras da Antiguidade, como os filósofos Platão e Aristóteles e o estadista romano Cícero, dentre tantos outros, foram iniciados nesses rituais.

Nossa consciência normal em estado de vigília [...] é apenas um tipo especial de consciência, ao passo que em toda a sua volta [...] encontram-se formas potenciais de consciência inteiramente diferentes. Podemos passar a vida inteira sem suspeitar a sua existência; mas aplique o estímulo necessário, e, ao primeiro toque, ei-las em toda sua completude. (Trecho de *As variedades da experiência religiosa*, do filósofo e psicólogo americano William James)

Esse tipo de experiência está presente em toda a história humana, nos mais variados lugares. Por exemplo, alguns consideram que o próprio maná dos hebreus, na verdade, se tratava de uma substância psicoativa, que estaria por trás dos relatos das pessoas sobre visões de Javé. Os procedimentos usados para induzir a estados holotrópicos também são dos mais variados. Eles vão desde o uso de **toques** de tambores, canto

Obtida a partir da fervura de duas plantas amazônicas – o cipó jagube (*Banisteriopsis caapi*) e o arbusto chacrona (*Psychotria viridis*) –, a *ayahuasca* representa, na tradição indígena, o elo com o mundo espiritual. Mais de 70 tribos na Amazônia têm o chá como centro de sua cosmogonia.

e dança rítmica até o prolongado isolamento social e sensorial, como no caso da estadia em desertos, cavernas ou montanhas.

UMA BEBIDA PSICOATIVA MUITO PRESENTE ENTRE OS POVOS INDÍGENAS NO BRASIL É A ***AYAHUASCA***, QUE HÁ DÉCADAS TAMBÉM FOI INCORPORADA COMO SACRAMENTO POR GRUPOS RELIGIOSOS URBANOS, COMO O SANTO DAIME OU A UNIÃO DO VEGETAL. QUAL É A SUA VISÃO EM RELAÇÃO AO USO RITUAL DA *AYAHUASCA*?

Eu mesmo já tive experiências com a *ayahuasca*. Sem dúvida, ela é uma bebida psicoativa extremamente poderosa, um sacramento com enorme poder de cura e séculos de uso. No meu caso, dentre todas as minhas experiências com substâncias psicoativas, a *ayahuasca* foi a única com a qual tive a sensação de haver uma presença comigo durante o processo, algo como um professor arquetípico, uma entidade que de certa forma me guiava. Não vi nenhum ser, mas tinha o sentimento claro de uma presença, uma **consciência** me orientando. É realmente fantástico que o uso ritual da *ayahuasca* seja legal no Brasil, tanto para os "ayahuasqueiros" da floresta quanto para doutrinas como o Santo Daime e a União do Vegetal, que agora estão disponibilizando seu uso para pessoas em outros países, ao ponto de se tornarem igrejas estabelecidas em locais como o Canadá e os EUA. É um fato surpreendente e que, a meu ver, pode ser muito útil para ajudar a mudar a consciência atual do planeta, com esta crise homicida e autodestrutiva que presenciamos.

Ontem à noite tomei o resto da mistura do yage. *Eis o que aconteceu: [...] O passado desconhecido e o futuro emergente se encontram num zumbido vibrante e sem som. [...] Não há nada a temer.* Vaya adelante. *Olha. Escuta. Ouve. Tua consciência* ayahuaski *é mais válida que a "consciência normal".* (William Burroughs, poeta americano, em *Cartas do Yage*)

BOM, MAS ALÉM DO CONSUMO DE ALGUMA SUBSTÂNCIA PSICOATIVA, O SENHOR CITOU OUTROS INSTRUMENTOS USADOS PARA EXPANDIR A CONSCIÊNCIA, COMO A DANÇA OU RETIROS NO DESERTO. NESSE SENTIDO, EM QUE CONSISTE A TÉCNICA DE RESPIRAÇÃO HOLOTRÓPICA DESENVOLVIDA PELO SENHOR?

A respiração holotrópica também utiliza o potencial transformador e curativo dos estados ampliados de consciência. Só que, na respiração holotrópica, esses estados são induzidos através da combinação de respiração rápida e profunda, música evocativa e uma técnica de trabalho corporal que ajuda a dissolver bloqueios psicossomáticos. A respiração profunda e acelerada é a base de todo o processo; ou seja, nosso principal instrumento é algo que está disponível a todos nós, a qualquer momento que quisermos: o ar. Na verdade, a respiração holotrópica integra vários elementos das tradições antigas e aborígines, assim como da espiritualidade oriental e da psicologia profunda do Ocidente. É um método que nos dá acesso a níveis profundos da psique inconsciente, incluindo memórias reprimidas da infância e do período perinatal, além de envolver ainda todo o leque de vivências transpessoais, como experiências de vidas passadas e encontros com seres arquetípicos.

HÁ SITUAÇÕES ESPECÍFICAS PARA AS QUAIS A RESPIRAÇÃO HOLOTRÓPICA É MAIS RECOMENDADA?

Assim como qualquer espécie de trabalho com estados ampliados de consciência, a respiração holotrópica pode ser utilizada para diversos fins: para o autoconhecimento; como prática espiritual; para a cura de distúrbios emocionais e psicossomáticos; como fonte de inspiração artística e cultivo da criatividade; etc. Ao longo dos anos, já observamos inúmeros casos de pessoas que, a partir da experiência com a respiração holotrópica, saíram de uma depressão que se arrastava por anos, superaram fobias, aumentaram sua autoconfiança e sua autoestima. Diversas pessoas já relataram que os progressos que sentiram com apenas algumas sessões de respiração holotrópica poderiam ser comparados àqueles obtidos com anos de terapia verbal.

Os transtornos emocionais e psicossomáticos têm as suas raízes não só no nível biográfico do inconsciente, como assume a psiquiatria tradicional, mas atingem níveis mais profundos, como o perinatal (relativo às memórias do trauma do nascimento) e o nível transpessoal (de matrizes cármicas e arquetípicas). Enquanto as terapias verbais não chegam a esses níveis mais profundos do inconsciente, os trabalhos com os estados ampliados de consciência, como a respiração holotrópica, trazem todo esse material para a superfície, onde as emoções e as energias relacionadas a esse material inconsciente podem ser processadas e integradas de forma consciente.

MAS COMO DISCERNIR SE O MATERIAL E AS EXPERIÊNCIAS QUE VÊM À TONA NESSES ESTADOS AMPLIADOS DE CONSCIÊNCIA SÃO REAIS OU APENAS FANTASIAS DA MENTE?

As experiências de ordem transpessoal costumam conter informações novas e precisas sobre os mais variados campos, como a vida de outras pessoas ou de antepassados, acontecimentos históricos ou seres mitológicos. Em muitos casos, essa informação é muito específica, transcendendo a própria formação cultural de quem vive a experiência, e sua **evidência** pode ser confirmada depois com parentes ou outras fontes seguras. Descrevi muitos casos desse tipo em meu livro *Quando o impossível acontece*. O estudo cuidadoso das experiências transpessoais mostra que elas não podem ser explicadas simplesmente como produtos de processos patológicos no cérebro, mas são ontologicamente reais.

A vidência é evidência. (Jacques Mabit, médico francês fundador do Centro Takiwasi, no Peru, que recupera dependentes químicos a partir do uso de *ayahuasca* e psicoterapia)

Por exemplo, é relativamente fácil confirmar que algumas das coisas que experienciamos nos estados holotrópicos vêm de eventos vividos na primeira infância e dos quais não tínhamos nenhuma lembrança. Já documentei diversas situações em que, durante as vivências holotrópicas, as pessoas liberaram algo de que não faziam a menor ideia antes, mas que pudemos confirmar mais tarde com os pais ou com outras fontes confiáveis.

OUTRA OCORRÊNCIA BASTANTE COMUM DURANTE A RESPIRAÇÃO HOLOTRÓPICA É A PESSOA REVIVER ALGUM TRAUMA DO NASCIMENTO, NÃO É? QUAL É O ASPECTO POSITIVO DE SE REVIVER EVENTOS COMO ESSE?

Ao contrário do que em geral se diz na escola médica e em psiquiatria, nós temos, sim, uma lembrança muito forte do nascimento. O argumento habitual é o de que o córtex de um recém-nascido não é suficientemente desenvolvido para guardar qualquer memória do parto. Entretanto, hoje já temos um volume imenso de pesquisa perinatal confirmando que há uma profunda sensibilidade do feto ainda no útero. Na verdade, as memórias dos distúrbios perinatais e do trauma experimentado pela criança durante o parto – como sentimentos intensos de sufocamento, esmagamento e medo – constituem uma fonte potencial de vários problemas emocionais e psicossomáticos que a pessoa pode carregar por toda a vida. Nesse sentido, reviver essas memórias traumáticas permite que elas sejam integradas, o que pode aliviar significativamente uma série de males, como fobias, depressão, **dores** psicossomáticas ou dificuldades de relacionamento.

Onde está o menino que eu fui? Está dentro de mim ou se foi? [...] Que mais pesam na cintura, as dores ou as recordações? (Trecho do *Livro das perguntas*, do poeta chileno Pablo Neruda)

E QUAL É A CONTRIBUIÇÃO DA PSICOLOGIA TRANSPESSOAL PARA SOLUCIONAR ESSAS E OUTRAS QUESTÕES?

Uma contribuição fundamental é o reconhecimento da espiritualidade como um aspecto legítimo e essencial da psique humana. Essa é uma diferença básica em relação ao meio acadêmico tradicional da psicologia, que, em geral, considera qualquer forma de espiritualidade como sendo superstição, pensamento mágico primitivo, imaturidade emocional ou patologia. Nesse sentido, a psicologia transpessoal busca estudar o espectro inteiro da experiência humana, incluindo os estados ampliados de consciência e as diversas formas de vivências místicas. Isso representa uma transformação muito importante, que mostra que não há conflito algum entre espiritualidade e ciência, que podemos ter uma visão abrangente que combine esses dois campos. Na verdade, a ciência ocidental está vivendo uma mudança de paradigma sem precedentes, algo que vai alterar todos os nossos conceitos acerca da realidade e da natureza humana, criando uma ponte entre o conhecimento espiritual ancestral e o pragmatismo da ciência moderna. Trata-se de um novo paradigma que pode transformar radicalmente a nossa maneira de estar no mundo e a nossa vida como um todo.

E QUANTO AO QUE VEM APÓS A VIDA? O SENHOR TAMBÉM DEDICOU BASTANTE ATENÇÃO AO ESTUDO CIENTÍFICO DA TANATOLOGIA, QUE ABORDA TODOS OS FENÔMENOS RELACIONADOS À MORTE. COMO O SENHOR ENXERGA A MORTE?

Acredito que, no momento da morte biológica, provavelmente nós vamos saltar dessa noção limitada de realidade, que temos no estado de vigília, para uma rica matriz de realidade transpessoal, em que coisas como os domínios arquetípicos, espirituais e toda sorte de estados descritos na literatura religiosa existem como possibilidades reais. Agora, se isso vai realmente acontecer, é uma questão aberta e muito interessante. A partir de tudo o que sabemos, essa possibilidade existe. Mas, se o universo é o que os hindus chamam de *Lila* – o jogo cósmico de Brahma –, há sempre lugar para surpresas.

E DE QUE FORMA AS EXPERIÊNCIAS COM ESTADOS AMPLIADOS DE CONSCIÊNCIA PODEM SER ÚTEIS PARA NOS PREPARAR PARA ESSE MOMENTO CRUCIAL?

As experiências com os estados holotrópicos estão intimamente ligadas à vivência do que chamo de "morte psicoespiritual e renascimento". São estados de consciência que as pessoas experienciam em cerimônias xamânicas, ritos de passagem, em sessões com plantas sagradas ou em práticas espirituais das mais diferentes tradições, como yoga, budismo, taoísmo, sufismo, misticismo cristão, etc. Essas práticas basicamente nos colocam neste reino entre a vida e a morte – que os budistas tibetanos chamam de *Bardo* –, só que fazem isso enquanto nós ainda estamos vivos. Assim, temos a oportunidade de viver essa experiência intensa, em que realmente sentimos que morremos, mas adquirimos a consciência de que foi apenas parte de nós que morreu, que aquilo que sobrevive é algo muito mais significativo.

Ó, nobre filho, quando teu corpo e tua mente estiverem separados, deverás ter vivenciado o vislumbre da Verdade pura, sutil, brilhante, viva, deslumbrante, gloriosa e radiosamente medonha, parecendo uma miragem que se move numa paisagem na primavera, num contínuo fluxo de vibrações. Não te assustes com isso, nem te aterrorizes, nem temas. Trata-se do esplendor de tua própria verdadeira natureza. Reconhece-a. (Trecho de *O livro tibetano dos mortos*, ou *Bardo Thodol*, escritura clássica do budismo tibetano com orientações para o pós-morte)

Depois de passar por essas experiências tão profundas, você deixa de se identificar com seu corpo físico, você ganha um sentido mais amplo de identidade transpessoal. E esse é um conhecimento que pode ser aplicado em relação à própria morte biológica em si. Pois, quando chegar a hora, você já tem a consciência de que aquilo que está morrendo é apenas o **corpo** físico, que o seu verdadeiro ser não morre, que ele é algo muito maior, muito mais fundamental. Em suma, na medida em que a morte pode nos levar aos mundos invisíveis da realidade transpessoal, o trabalho que se faz com os estados holotrópicos é uma boa preparação para a nossa eventual partida.

OU SEJA, ESSES ESTADOS AMPLIADOS DE CONSCIÊNCIA FUNCIONAM COMO UMA ESPÉCIE DE TREINAMENTO PARA O ALÉM?

Podemos nos referir a isso como "morrer antes de morrer". Como disse o monge alemão Abraão de Santa Clara: "O homem que morre antes de morrer não morre quando ele morre". Você não precisa esperar para morrer biologicamente para ter a experiência da morte; você pode ter essa experiência enquanto ainda está encarnado, enquanto ainda é uma pessoa saudável e consciente. Feito isso, você passa a enxergar a morte e a própria vida de uma forma totalmente diferente, pois, em última instância, você se libertou do medo da morte.

Isso é algo que já pude presenciar inúmeras vezes. Por exemplo, há alguns anos desenvolvi um trabalho conjunto com mais de 200 pacientes terminais de câncer, em que nós os acompanhávamos ao longo de experiências com estados ampliados de consciência. E o resultado, que vimos repetidas vezes, foi este: as pessoas foram se libertando do medo da morte. Agora, como eu disse antes, ninguém precisa esperar para morrer ou estar doente para adquirir essa consciência. Isso pode ser feito agora. É preciso compreendermos que, em essência, nós somos parte de uma realidade transpessoal que vai muito além dos limites que a mente normal está acostumada a enxergar.

MELHOR DE TRÊS

O FILÓSOFO FRIEDRICH NIETZSCHE DIZIA QUE UMA ESPÉCIE DE ORAÇÃO DE CADA PESSOA AO INICIAR O DIA DEVERIA SER UM PENSAMENTO DO TIPO "HOJE VOU DAR ALEGRIA A ALGUÉM". EM SUA OPINIÃO, QUAL DEVE SER A ORAÇÃO DE CADA PESSOA PARA COMEÇAR O DIA?

Falando em termos mais gerais, sobre como conduzir nossa vida, e não apenas como começar o dia, enxergo as coisas de uma forma similar à que Jung via: para se ter uma vida realmente plena, é preciso aliar nossa atividade no mundo exterior com alguma forma **sistemática** de trabalho interior, como a yoga ou a meditação. Há inúmeros caminhos para se estabelecer uma conexão com nossa sabedoria interior. O que é preciso é nos lembrarmos, a cada dia, de fazer essa conexão. Assim, nossa vida se torna uma espécie de síntese entre o que aprendemos no exterior e o que aprendemos no interior com o nosso eu mais profundo.

É preciso ser vidente, se fazer vidente. O poeta se faz vidente por meio de um longo, imenso e sistemático desregramento de todos os sentidos. (Arthur Rimbaud, poeta francês)

Joseph Campbell dizia que uma divindade, para ser útil, tem que ser "transparente para o transcendente"; em outras palavras, uma divindade tem que ser vista como algo que aponta para além de si mesmo, em direção à fonte divina, da qual tudo vem. É para essa fonte também que devemos apontar a nossa consciência e a nossa vida.

O QUE É UMA PESSOA VIRTUOSA?

Uma pessoa virtuosa é aquela que, após ter feito um profundo mergulho em seu interior, consegue vivenciar a unidade fundamental que existe entre ela e as outras pessoas, entre ela e as outras espécies, entre ela e a natureza. É alguém que busca viver a partir da compreensão acerca da unidade básica subjacente a tudo. Pois, em última análise, não há diferença entre você e eu, entre nós e outras pessoas, entre os seres humanos e outras espécies. Há uma unidade subjacente a tudo aquilo que, à primeira vista, parece existir de forma separada no mundo. Com essa compreensão, ter um comportamento ético é algo que acontece de forma natural.

ATÉ HOJE, QUAL FOI O SEU MAIOR APRENDIZADO NA VIDA?

Eu fui criado em um meio basicamente ateu, numa época em que, ainda por cima, tínhamos um regime marxista na Checoslováquia, com uma visão de mundo extremamente materialista. Nesse sentido, o maior aprendizado que tive ao longo da vida foi descobrir o papel importantíssimo, essencial que a espiritualidade desempenha na psique humana e no esquema universal das coisas. Foi compreender que este não é apenas um universo material que criou a si mesmo, mas que toda a criação é fruto do trabalho de uma inteligência superior, uma consciência cósmica que permeia tudo o que existe. Claro, houve centenas de outros pequenos aprendizados, mas o mais fundamental certamente foi essa transformação por que passei, de ser um materialista convicto para alguém que valoriza profundamente a espiritualidade, que busca sempre ter uma compreensão mística do mundo.

MESA-REDONDA

Robert Walter pergunta:

"O QUE FAZ O SENHOR SORRIR?"

Acredito que, com uma compreensão mais profunda da realidade, na verdade, podemos chegar a um ponto em que somos capazes de abraçar toda a criação, em que somos capazes de desfrutar a vida exatamente como ela é, mesmo sabendo que ela tem um lado sombrio. Há uma história que toca nessa questão, quando o escritor americano Ram Dass estava com seu guru Neem Karoli Baba, nos Himalaias, e perguntou: "Guruji, o que o senhor acha deste mundo?". Karoli Baba respondeu: "Ah, este mundo é muito bonito, ele é perfeito". Ram Dass, então, questionou: "Mas o que o senhor quer dizer com perfeito, com tanta guerra, doenças terríveis, tanta dor?". E Karoli Baba disse: "Ele é perfeito; incluindo a sua insatisfação com ele, incluindo qualquer coisa que você possa fazer para melhorá-lo. Ele é perfeito". Isso, claro, não significa que o mundo é perfeito como um *status quo*, mas que ele é perfeito como um processo.

PARA SE CONHECER

Site:
www.stanislavgrof.com
Livros:
A aventura da autodescoberta, de Stanislav Grof (Summus)
Quando o impossível acontece, de Stanislav Grof (Heresis)

DOM LAURENCE FREEMAN

NA SILENCIOSA PRESENÇA DE CRISTO

Já fazia anos que, para o desalento de toda a equipe médica, uma senhora idosa passava seus dias completamente ensimesmada no asilo onde vivia. Não falava com ninguém – ela simplesmente existia, para lá e para cá, balançando em uma velha cadeira de balanço em seu quarto. Todos já a consideravam um caso perdido. Foi quando uma jovem enfermeira começou a trabalhar no asilo. Vendo aquela situação, ela decidiu que, dia sim, dia não, passaria um tempo com a velhinha. A cuidadosa enfermeira não tentava falar ou fazer perguntas à senhora – ela só puxava outra cadeira de balanço e deixava-se embalar ao lado da mulher. Então, após algumas semanas, eis que o "milagre" aconteceu – a velha senhora virou-se para a enfermeira, abriu um sorriso e simplesmente disse: "Muito obrigada por balançar comigo".

Ou seja, em vez de imposições ou tratamentos mirabolantes, a cura para a "doença" daquela solitária senhora exigia apenas uma coisa: atenção – o compartilhar silencioso de um ser junto de outro. Um remédio que certamente seria prescrito pelo inglês Laurence Freeman. Monge beneditino do Mosteiro de Cristo Rei, em Londres, dom Laurence é o diretor e guia espiritual da Comunidade Mundial para a Meditação Cristã, organização que reúne centros que se dedicam à meditação em mais de 110 países. Por anos, ele foi discípulo do monge inglês John Main, um dos responsáveis por resgatar a tradição meditativa no cristianismo.

Com mestrado em Literatura Inglesa pela Universidade de Oxford, concluído antes de se tornar monge em 1980, ele tem diversos livros, CDs e DVDs lançados, além de ser, aos 65 anos, um dos grandes defensores do diálogo inter-religioso no mundo, tendo conduzido vários encontros ao lado do Dalai Lama. "Tudo o que fizermos para desenvolver a atenção é espiritualmente orientado, pois enriquece a nossa capacidade de interiorização, de presença e, ainda, de compaixão", afirma dom Laurence. "Ter compaixão nada mais é do que verdadeiramente prestar atenção ao outro."

GOSTARIA DE COMEÇAR NOSSA CONVERSA COM A *PRECE DE ABERTURA* DA MEDITAÇÃO CRISTÃ, ESCRITA POR JOHN MAIN, SEU MESTRE ESPIRITUAL: "PAI CELESTIAL, ABRE NOSSOS CORAÇÕES PARA A SILENCIOSA PRESENÇA DO ESPÍRITO DE SEU FILHO. CONDUZA-NOS AO SILÊNCIO MISTERIOSO ONDE O SEU AMOR É REVELADO A TODOS OS QUE CHAMAM". QUAL É O CAMINHO PARA ENTRAR NESSE SILÊNCIO SAGRADO?

A entrada nesse silêncio é fruto de um ato de atenção, à medida que aprendemos a ficar serenos, mais focados, reunindo nossos pensamentos divagantes. E esse ato que, como diz a prece, realizamos no nível do coração se dá em reciprocidade com Deus. Nós só podemos estar atentos à presença de Deus dentro de nós porque, ao mesmo tempo, **Ele** está prestando atenção em nós, pois a atenção, em si, é dinâmica e autodoadora. Você só vai estar atento e doar-se a mim se eu prestar atenção e me doar a você. A atenção nos transforma, ela é redentora e curativa. Por exemplo, quando temos um problema e falamos com um amigo, se ele nos ouve realmente, de forma atenta, nos sentimos melhor na hora, mesmo que o problema não seja resolvido. E por que nos sentimos melhor? Porque, em essência, fomos amados. O dom da atenção é o dom do amor.

O olho com o qual vejo Deus é o mesmo olho com o qual Ele me vê. (Mestre Eckhart, filósofo místico alemão)

NO OCIDENTE, QUANDO SE FALA EM MEDITAÇÃO, GERALMENTE PENSAMOS EM TRADIÇÕES COMO O BUDISMO OU O HINDUÍSMO. QUAL É A CONTRIBUIÇÃO CRISTÃ PARA O UNIVERSO DA MEDITAÇÃO?

A experiência contemplativa está no cerne de todas as religiões, é algo universal. No caso da meditação cristã, ela remonta aos próprios ensinamentos de Cristo sobre a oração. No Sermão da Montanha, por exemplo, fica evidente o papel de Jesus como um professor de contemplação – ele não está ensinando um dogma ou um rito, mas uma orientação interior e completa da pessoa para Deus. Penso que uma das principais contribuições cristãs para o universo da contemplação é a ênfase dada à meditação como sendo um trabalho do amor, e a verdadeira natureza do amor é a atenção. Nós amamos aquilo a que prestamos atenção, e nós prestamos atenção àquilo que amamos. Existe ainda um sentido específico, que não falta em outros credos, mas é particularmente forte no cristianismo: os frutos da meditação devem ser traduzidos em ação. A prática meditativa é testada pelo fato de você estar ou não crescendo em sua capacidade de dar amor, de **servir** e responder às necessidades dos outros de forma efetiva.

Mãos que servem são mais sagradas que lábios que oram. (Sri Sathya Sai Baba, líder espiritual indiano)

E COMO É A MEDITAÇÃO CRISTÃ? COM QUE FREQUÊNCIA DEVE SER PRATICADA?

A meditação é muito simples. Você deve escolher um local tranquilo e sentar-se com as costas eretas, pode ser numa cadeira, numa almofada, tanto faz; o importante é ficar relaxado, mas, ao mesmo tempo, alerta. Então, respire calmamente, feche os olhos e, silenciosa e interiormente, comece a repetir a palavra *maranatha* – escrito em aramaico, a linguagem que Jesus falava, esse mantra é uma das orações mais antigas da tradição cristã e quer dizer: “Vem, Senhor”. Recite as quatro sílabas (ma – ra – na – tha) com o mesmo comprimento, procurando escutar com a mente e o coração enquanto vai repetindo, contínua e silenciosamente. Caso se distraia – o que é bem comum no início –, apenas volte a repetir a palavra, gentilmente, sem ansiedade ou julgamentos. Nós recomendamos meditar de 20 a **30 minutos**, duas vezes por dia: pela manhã, antes de iniciar suas atividades, e à noite.

Quando ele abriu o sétimo selo, fez-se no céu um silêncio de meia hora... (*Apocalipse de João*, 8, 2)

E QUE CONSELHO DARIA A QUEM ESTÁ COMEÇANDO A MEDITAR? ALIÁS, PARECE QUE A PARTE MAIS DIFÍCIL É JUSTAMENTE COMEÇAR, NÃO É?

Sem dúvida. Meu conselho é este: simplesmente comece. E, a cada dia, comece de novo. Não julgue seu desempenho, nem fique em busca de alguma experiência especial. Os frutos da meditação aparecerão aos poucos, é só dedicar um mínimo de tempo por dia. Por exemplo, um dos participantes de nossos grupos de meditação em Washington (EUA) é o advogado-chefe do Fundo Monetário Internacional (FMI), um homem com muitas responsabilidades. Certa vez, ele nos deu uma palestra falando de como a meditação o ajuda em todos os aspectos da vida, inclusive no trabalho. E alguém lhe perguntou: "Mas como você arranja tempo para meditar?". Ele disse: "Tempo não é o problema. Se quiser, você acha tempo. Meu problema é que tendo a adormecer em minha meditação da noite, pois já estou cansado". Vindo de uma pessoa leiga, com filhos adolescentes, no pico de sua carreira, essa fala tem mais autoridade até do que se fosse a fala de um monge.

Ou seja, o segredo é apenas este: comece. E seja realista. Alguns começam a meditar e nunca mais param. Mas a maioria das pessoas, eu inclusive, tem vários inícios em série: começa, depois para, inicia de novo, para mais uma vez. Até que, um dia, algo acontece, e pronto, você já está meditando. O importante é manter o foco. Se desistir, comece de novo. A questão aqui não é perfeição, mas perseverança. Como disse um antigo rabino: "Deus não espera que sejamos bem-sucedidos, mas nós não estamos autorizados a desistir".

PARTICIPAR DE ALGUM GRUPO DE MEDITAÇÃO TAMBÉM AJUDA?

Com certeza. Num grupo, uma pessoa incentiva a outra, cria-se um sentimento de comunhão, de unidade. A amizade espiritual é a chave. E se ainda persistir alguma dúvida sobre o quão simples é a meditação, é só fazer um teste: medite com uma criança. As crianças gostam tanto de meditar, praticam com tanta naturalidade, que são elas que acabam nos ensinando como a meditação é algo simples e natural.

A MEDITAÇÃO É A MESMA PARA ADULTOS E CRIANÇAS?

Sim, precisa-se apenas ensinar as instruções a elas, incluindo o mantra *maranatha*. Depois, é só meditar com elas, duas vezes ao dia, ao acordar e antes de dormir. Recomendamos começar com cinco minutos de meditação, mas um bom parâmetro é meditar um minuto por ano de idade – se a criança tem seis anos, medite por seis minutos; se tem sete, por sete; e assim por diante. Torna-se quase uma forma de brincar para elas. Mais que isso, elas mostram os benefícios da meditação muito rapidamente. Tanto que, nos últimos anos, temos ensinado meditação para crianças em parceria com escolas, e os resultados são impressionantes.

Os professores relatam que, com poucos minutos de meditação no início da aula, o resto da classe se torna muito mais eficiente: é mais fácil de ensinar, as crianças ficam mais gentis umas com as outras, há menos *bullying*, menos conflitos. Para se ter uma ideia, a diocese de uma cidade na Austrália iniciou um programa de meditação com seis escolas, mas, com os resultados positivos, ele logo foi ampliado para todos os colégios da diocese. Hoje, são quase 12 mil crianças meditando juntas, diariamente. É um modelo tão bem-sucedido que está sendo imitado em várias partes do mundo.

EM RELAÇÃO ÀS CRIANÇAS, UMA DAS "DOENÇAS DA MODA" NOS ÚLTIMOS TEMPOS É O DISTÚRBIO DE DÉFICIT DE ATENÇÃO (DDA), QUE, MUITAS VEZES, É INDISCRIMINADAMENTE TRATADO COM REMÉDIOS; E ISSO VALE TAMBÉM PARA JOVENS E ADULTOS. O QUE O SENHOR ACHA DISSO?

A distração é parte da condição humana, um problema universal que nos acompanha há milênios. Os padres do deserto, como eram chamados os primeiros monges cristãos, chegavam a dizer que a distração é equivalente ao pecado original. É como se tivéssemos alguma falha congênita que tornasse difícil para nós prestar atenção. Para o ser humano, sempre foi mais fácil se distrair do que permanecer atento. O problema é que hoje nós aperfeiçoamos a arte da distração, com a saturação imposta pela mídia e a tecnologia, com coisas como *sites* de bate-papo, comunidades virtuais, mensagens instantâneas, celulares, etc. Ou seja, estamos todos cronicamente **distraídos**. E isso inclui as crianças, que, desde cedo, são expostas a uma hiperestimulação mental sem precedentes.

Aprenda a ficar satisfeito com pouco – você vai negar que isso é muito? Não são apenas os pobres que têm fome. Há uma fome que todos os tesouros do mundo não podem satisfazer, e, ainda assim, se tem fome é deles [...] – isso é distração. Mas a distração é o mais duvidoso e ambíguo remédio. (Soren Kierkegaard, filósofo dinamarquês)

A filósofa francesa Simone Weil escreveu um belo ensaio sobre a relação entre a educação e a oração; basicamente, ela diz isto: "A essência da oração é a atenção". Nesse sentido, tudo o que fizermos em matéria de educação para desenvolver a atenção é, de certo modo, espiritualmente orientado, porque enriquece nossa capacidade de interiorização, de presença e, ainda, de compaixão – pois ter compaixão nada mais é do que verdadeiramente prestar atenção ao outro. Assim, há toda uma nova atitude que precisamos integrar em nossas vidas, aperfeiçoando a arte da quietude. Feito isso, provavelmente veremos que, muitas vezes, não se precisa de remédios. Devemos pelo menos tentar: antes da medicação, a meditação.

EM RELAÇÃO À QUIETUDE, NO PRÓLOGO ESCRITO POR SÃO BENTO PARA AS REGRAS MONÁSTICAS DOS BENEDITINOS, POR DUAS VEZES ELE CITA TRECHOS DA *BÍBLIA* QUE TRATAM DA MANIA QUE TEMOS DE FALAR DOS OUTROS. UM DELES DIZ: "SE QUERES POSSUIR A VERDADEIRA E PERPÉTUA VIDA, GUARDA A TUA LÍNGUA DE DIZER O MAL E QUE TEUS LÁBIOS NÃO PROFIRAM A FALSIDADE". OU SEJA, A QUESTÃO NÃO É APENAS SOSSEGAR A MENTE, MAS TAMBÉM A LÍNGUA...

Certamente. Esta é uma questão importantíssima, a da retidão do discurso. Em seu capítulo sobre o silêncio, São Bento chega a dizer que "a permissão para falar raramente deve ser concedida, até mesmo para os discípulos perfeitos, e ainda que se trate de conversas boas". Guardar a língua é uma disciplina difícil, mas essencial, para que, quando a comunicação acontecer, ela seja eficaz, clara e útil. Na Epístola de Tiago, na *Bíblia*, também há um trecho importante sobre o poder da palavra, quando ele diz que a língua é como o leme de um navio: é uma coisa pequena, mas é o que decide em que direção você está indo. Por isso, devemos ser bastante cuidadosos em relação à forma como falamos, ao uso de nossa **língua**.

Uma invalidez da linguagem não é querer dizer amor e não chegar à língua, é ter língua e não chegar ao amor. (José Saramago, em *O Evangelho Segundo Jesus Cristo*)

O SENHOR AFIRMA QUE A HISTÓRIA BÍBLICA DO ENCONTRO DE JESUS COM AS IRMÃS MARTA E MARIA ABORDARIA UMA QUESTÃO CENTRAL DA PRÓPRIA VIDA HUMANA. PODE FALAR SOBRE ISSO?

A história de Marta e Maria nos ensina sobre o equilíbrio que se deve ter entre a contemplação e a ação. Na história, Jesus está a caminho de Jerusalém e é recebido na casa das duas irmãs. Marta é a personalidade ativa, a fazedora. Maria, por sua vez, é a personalidade mais serena, contemplativa. Enquanto Marta se ocupa com as tarefas domésticas, Maria fica aos pés de Cristo, ouvindo suas palavras. Até a hora em que Marta fica nervosa e reclama com Jesus que sua irmã não a estava ajudando. Então, ele diz à hiperativa Marta para ela não se inquietar com tantas coisas, pois "uma só é necessária". Ele não especifica, mas que "coisa" é essa? Marta e Maria são irmãs, moram na mesma casa e são ambas amigas de Jesus: ou seja, simbolizam as duas metades da alma humana. Assim, a "única coisa necessária" é que nós integremos as duas metades do nosso ser, que nós achemos o equilíbrio entre os momentos de contemplação e ação, de quietude e atividade.

FALANDO MAIS ESPECIFICAMENTE DOS MOMENTOS DE AÇÃO, UMA QUESTÃO QUE ANGUSTIA MUITAS PESSOAS É A DA FALTA DE SENTIDO E PRAZER EM RELAÇÃO À SUA ATIVIDADE PROFISSIONAL. DE QUE FORMA O TRABALHO INTERIOR PODE AJUDAR A TRAZER SIGNIFICADO PARA O TRABALHO EXTERIOR?

O trabalho interior é a própria base de um trabalho exterior com significado. Na história de Marta, por exemplo, Jesus não está negando a necessidade do trabalho e do serviço aos outros. O que ele está dizendo é que a experiência de "ser" vem antes da de "fazer". O trabalho que perde a conexão com a quietude interior facilmente degenera em uma mera atividade egoica. E, quando o ego está no comando, qualquer profissão se transforma em algo como "meu" trabalho, "meu" projeto, "minha" carreira. Com isso, nos esquecemos de que, seja que atividade for, é sempre um trabalho de Deus. A todo momento, temos que colocar o ego de volta em seu lugar, nos lembrar de que Deus é a força motriz de tudo o que fazemos.

Por trás de todas as palavras e gestos, por trás de todos os pensamentos e sentimentos, há um centro interior de oração onde nós podemos encontrar uns aos outros na presença de Deus. [...] Se aprendêssemos a viver a partir desse centro, viveríamos a partir do coração da vida, e todo o nosso ser seria movido pelo amor.
(Bede Griffiths, monge beneditino inglês que viveu na Índia, onde criou uma comunidade aos moldes de um *ashram* hindu)

E, assim como outras formas de trabalho interior, a meditação é uma grande aliada para nos conduzir a esse **centro** de quietude de onde parte toda e qualquer ação benéfica. Com a meditação, percebemos que várias ferramentas essenciais para o nosso desempenho profissional – como a capacidade de raciocínio, a memória, a imaginação, entre outras –, todas essas ferramentas estão melhor equipadas para as demandas da vida. De novo, voltamos ao significado da história de Marta, e a "única coisa necessária": o equilíbrio entre contemplação e ação. A meditação não é um refúgio para os problemas do mundo, mas uma forma direta de lidarmos mais sabiamente com eles.

ISSO ME LEMBRA DE ALGO QUE O SENHOR DIZ NA *PRECE DE ENCERRAMENTO* QUE COMPÔS PARA OS GRUPOS DE MEDITAÇÃO: "QUE TODOS AQUELES QUE VÊM AQUI OPRIMIDOS

PELOS PROBLEMAS DA HUMANIDADE PARTAM DANDO GRAÇAS À MARAVILHA DA VIDA HUMANA". NESSE SENTIDO, COMO ENXERGAR AS DIFICULDADES COMO EXPERIÊNCIAS QUE DEVEMOS AGRADECER?

No início da Epístola de Tiago, ele fala sobre isso, ao dizer que devemos dar graças a Deus ao encarar alguma dificuldade, pois, com essa dificuldade, aprendemos a aprofundar a nossa fé e a expandir o nosso amor. Claro, quando estamos no meio de uma crise, dominados pela emoção, pela dor, é difícil ver isso. Mas chega uma hora em que nasce a certeza de que algum bem virá daquilo, sobretudo se temos o apoio dos outros. Esse apoio é essencial. Com ele, mesmo em meio à maior provação, vamos adquirindo consciência de que, um dia, essa mesma situação nos auxiliará a ajudar os outros, a servir ao próximo.

Além disso, uma crise pode ser um momento precioso, em que, por causa do **sofrimento**, sentimos uma ruptura em nossa percepção do mundo – dessa rachadura, surge uma nova maneira de enxergar a vida, que nos leva a uma busca espiritual mais profunda. Como diz uma música de Leonard Cohen: "Há uma rachadura em todas as coisas, é assim que a luz penetra".* Oscar Wilde também fala sobre isso: "Como pode, a não ser por um coração partido, o Senhor Cristo entrar?". É importante ter esta consciência de que, mesmo em meio ao maior abatimento, a graça está presente.

Deus sussurra em nossos prazeres, fala através de nossa consciência, mas grita por meio do sofrimento: o sofrimento é o megafone de Deus para despertar um mundo surdo.
(C. S. Lewis, escritor britânico)

* *Tradução livre. No original: There is a crack in everything, that's how the light gets in. Trecho da canção* Anthem

AGORA, UMA COISA ENGRAÇADA EM RELAÇÃO ÀS CRISES PESSOAIS É QUE MUITAS PESSOAS RELATAM QUE VIVIAM SEM PROBLEMAS, SOSSEGADAS, ATÉ O DIA EM QUE INICIARAM ALGUMA PRÁTICA DE AUTOCONHECIMENTO, COMO MEDITAÇÃO OU TERAPIA, COMO SE OS PROBLEMAS TIVESSEM COMEÇADO POR CAUSA DESSAS PRÁTICAS. O QUE EXPLICA ESSE PARADOXO?

O que acontece, nesses casos, é que a meditação ou a terapia retiram a repressão que sempre existiu, mas da qual a pessoa não se dava conta. Jesus disse: "Não há nada de oculto que não venha a ser revelado". Quando alguém começa um trabalho interior, aos poucos, vai retirando essas forças de repressão. Por exemplo, certa vez, uma mulher que já meditava conosco por cerca de um ano me disse: "A meditação foi uma grande descoberta para mim e quero continuar, mas, embora eu me sinta melhor, minha família diz que estou mais difícil, que reajo com raiva a coisas que não reagia antes". Então, quando lhe disse que ela sempre foi assim, ela respondeu: "Não, nunca! Meus pais me ensinaram a nunca mostrar a minha raiva". Ou seja, ela havia passado 40 anos reprimindo a sua raiva. Agora, estava aprendendo a reconhecê-la e – o que deve acontecer em breve – a expressá-la de uma forma não violenta.

Psicologicamente falando, com qualquer prática de autoconhecimento, como a meditação, fazemos o trabalho de integrar o nosso lado de sombra, e todos nós temos um. Somos mais fortes, mais humanos, mais amorosos quando nossos aspectos sombrios são reconhecidos. Caso contrário, somos controlados pelas coisas que reprimimos no inconsciente e passamos a vida sem saber por que agimos desta ou daquela maneira. Ou seja, a meditação torna consciente aquilo que está inconsciente, ela nos liberta e purifica, nos ajuda a ir jogando fora aquilo que estava encoberto e não nos serve para nada.

HÁ ANOS O SENHOR VISITA O BRASIL PARA CONDUZIR RETIROS OU MINISTRAR PALESTRAS. QUAL FOI A EXPERIÊNCIA MAIS MARCANTE QUE VIVEU AQUI?

Foram muitas, mas talvez a que mais tenha me marcado aconteceu na periferia de Salvador, na Bahia, onde fui dar uma palestra e conduzir um grupo de meditação. O espaço era uma casa pequena, com a frente aberta para a rua, com muita gente e barulho. Logo que entramos, sentimos esta sensação maravilhosa de boas-vindas, de atenção por parte das pessoas, que haviam preparado uma festa para nos receber, com música, tambores, enfim, foi uma recepção muito acolhedora. Então, dei minha palestra, e, em seguida, todos nós meditamos. Foi aí que experienciei algo maravilhoso. Apesar de todo o barulho de fora, o interior estava completamente silencioso, um silêncio muito mais profundo do que costumo encontrar em minhas viagens pelo hemisfério Norte. Foi muito bonito perceber que as pessoas ali podiam estar cantando, tocando, dançando, e, logo depois, com apenas um pouco de preparação, conseguiam estar em total silêncio, que uma coisa não anula a outra, que a celebração e a contemplação caminham juntas. Tanto que, após a meditação, voltou a **festa**.

Através da festa, no sacro e no profano, todas as coisas se reconciliam. [...] Na festa o tempo do relógio não conta e é dado ao ser humano, por um momento, vivenciar o tempo mítico de um mundo reconciliado consigo mesmo. (Leonardo Boff)

JÁ FAZ MUITOS ANOS TAMBÉM QUE O SENHOR PARTICIPA DE EVENTOS EM PROL DO DIÁLOGO INTER-RELIGIOSO COM O DALAI LAMA, COM QUEM CHEGOU A ESCREVER O LIVRO *O DALAI LAMA FALA DE JESUS*, EM QUE ELE ANALISA VÁRIAS PASSAGENS DA VIDA DE CRISTO SOB A PERSPECTIVA DO BUDISMO. QUAL FOI O *INSIGHT* MAIS INESPERADO QUE A ANÁLISE DO DALAI LAMA LHE TROUXE?

Durante um seminário que conduzimos juntos, alguém lhe perguntou: "Se o senhor pudesse fazer uma pergunta a Jesus, o que perguntaria?". Na hora, o Dalai Lama disse: "Qual é a natureza do Pai?". Essa é uma pergunta muito perspicaz e mostra que ele de fato absorveu a essência dos Evangelhos, que viu para onde Jesus estava apontando. E, o tempo todo, levantava questões, perguntava, não estava só trazendo respostas. O fato de todos no seminário meditarmos juntos, três vezes ao dia, também ajudou a criar um silêncio e um espírito de partilha, que fez o diálogo ainda mais enriquecedor, pois a essência de todo diálogo é saber como ouvir as diferenças e, também, as semelhanças, para crescermos juntos na verdade. E essa foi a minha experiência em todas as ocasiões em que estive com o Dalai Lama. Aprendi com ele o quão profundo o diálogo pode ir.

Quando compartilhamos pensamentos e experiências, não devemos tentar convencer ou doutrinar o outro. Nosso papel é espalhar a semente, e temos que espalhar essa semente da melhor forma que pudermos, não apenas a jogar ao léu. Porém, ao mesmo tempo em que o semear não pode ser aleatório, descuidado, deve-se confiar e permitir que o vento leve as sementes para onde quiser. Algumas podem cair em solo duro e não brotar; outras podem cair em solo receptivo, começar a crescer, mas logo morrer. Mas certamente algumas irão cair em solo bom, se enraizar e crescer, distribuindo seus frutos e benefícios. Nosso papel é este, espalhar a **semente**.

Saiu o Semeador
a semear [...]
Ele semeava
tranquilo
sem pensar
na colheita
porque muito
tinha colhido
do que outros
semearam.
Jovem, seja você
esse semeador
Semeia com
otimismo
Semeia com
idealismo
as sementes vivas
da Paz e da
Justiça.
(Cora Coralina, poeta e escritora goiana)

MELHOR DE TRÊS

O FILÓSOFO FRIEDRICH NIETZSCHE DIZIA QUE UMA ESPÉCIE DE ORAÇÃO DE CADA PESSOA AO INICIAR O DIA DEVERIA SER UM PENSAMENTO DO TIPO "HOJE VOU DAR ALEGRIA A ALGUÉM". EM SUA OPINIÃO, QUAL DEVE SER A ORAÇÃO DE CADA PESSOA PARA COMEÇAR O DIA?

Em conjunto com a prática da meditação, esta prece: "Que eu possa estar presente e que possa realizar pequenos atos de bondade durante este dia".

O QUE É UMA PESSOA VIRTUOSA?

Uma pessoa virtuosa é aquela que sabe o significado de virtudes essenciais como a prudência, a compaixão, o perdão, mas que também reconhece suas próprias limitações como ser humano, a sua insensatez, as suas falhas. Como disse Sócrates: "Sábio é aquele que conhece os limites da própria ignorância". Na *Bíblia*, há uma passagem em que Jesus é abordado por um jovem rico, que começa a lhe falar, num tom condescendente: "Bom mestre...". Jesus, então, olha para ele e diz: "Por que me chamas bom? Só Deus é bom". Ou seja, uma pessoa virtuosa é aquela que sabe que só Deus é bom, mas que a bondade flui dentro de nós.

ATÉ HOJE, QUAL FOI O SEU MAIOR APRENDIZADO NA VIDA?

A consciência de que é preciso sempre começar de novo, de que cada dia é um novo recomeço.

MESA-REDONDA

Lama Surya Das pergunta:

"DOM LAURENCE, GOSTARIA DE LHE ENVIAR MINHAS SAUDAÇÕES, POIS ADMIRO O SEU TRABALHO. HUMILDEMENTE, PERGUNTO-LHE: COMO POSSO CONTRIBUIR PARA ABRIR UMA FENDA NO MURO QUE SEPARA AS PESSOAS DE SI MESMAS NO MUNDO DE HOJE? COMO POSSO AJUDAR A ALCANÇAR ESSA ESPIRITUALIDADE GLOBAL, INDEPENDENTEMENTE DE CRENÇAS, QUE É SÁBIA O SUFICIENTE PARA TRAZER MAIS PAZ PARA TODOS NO PLANETA, TANTO INTERIOR QUANTO EXTERIORMENTE?"

Lama Surya Das, receba também as minhas saudações e admiração. Sua pergunta é uma pergunta essencial, que me faço todos os dias. E sinto que a resposta a que cheguei é esta: a cada dia, temos que procurar rebalancear a nossa própria prática pessoal, a nossa quietude, com o trabalho de comunicação e ensino. Achar esse equilíbrio é um desafio constante, sobretudo para quem está sempre viajando. Mas não há nenhuma fórmula, é algo que temos de continuamente redefinir, reavaliar, e sempre reconhecer o perigo de podermos estar falando demais, até mesmo sobre coisas boas. É um desafio diário, contínuo, de sabedoria.

PARA SE CONHECER

Sites:

www.wccm.org

www.wccm.com.br

Livros:

Jesus, o mestre interior, de Laurence Freeman (WMF Martins Fontes)

Olhos do coração, de Laurence Freeman (Palas Athena)

YEHUDA BERG

A CABALA DO BEM VIVER

Conta-se que, certa vez, enquanto viajava de cidade em cidade transmitindo seus ensinamentos, Buda chegou até um vilarejo onde morava um homem irascível, famoso pelo modo como destratava a todos. E acontece que o tal homem também era um crítico ferrenho de Buda. Assim, mal ele havia entrado no lugar, e o homem já se aproximou, disparando toda sorte de ofensas e calúnias contra Sidarta Gautama. Impassível, Buda simplesmente ouvia a tudo, sorrindo, e, assim que houve uma pausa no rosário de injúrias, disse ao agressor: "Meu amigo, suas palavras não me dizem nada, e em nada me afetam. Se, por acaso, você oferecesse uma fruta a alguém, e essa pessoa a recusasse, quem ficaria com a fruta?". Furioso, o sujeito respondeu: "Ora, mas que pergunta idiota! Com quem haveria de ficar? É óbvio que ficaria comigo!". E Buda, serenamente, completou: "Muito bem, meu amigo, pois saiba que eu não aceitei nenhuma de suas ofensas e calúnias". E, naquele mesmo instante, o agressor tornou-se seu discípulo.

Essa total serenidade de Buda, não respondendo de forma reativa à agressão que vinha de fora, seria aplaudida de pé pelo rabino americano Yehuda Berg. Aos 44 anos, ele é uma das grandes lideranças mundiais da cabala – tradição mística do judaísmo que busca revelar a sabedoria oculta nas entrelinhas dos textos sagrados –, já tendo sido nomeado pela revista americana *Newsweek* um dos cinco principais rabinos dos Estados Unidos. Há anos, é um dos principais nomes do Kabbalah Centre, instituição com sede nos EUA e que conta com dezenas de centros espalhados por vários países, como o Brasil.

Com mais de 30 livros publicados, vários deles *best-sellers*, Yehuda Berg é o responsável por fazer da cabala uma febre mundial, conquistando adeptos famosos, como a cantora Madonna, que disse que suas ideias "são de fazer tremer a terra, mesmo sendo tão simples". Essa simplicidade é um dos grandes atrativos do rabino junto a seus fãs, como as mais de 200 mil pessoas que, diariamente, recebem pela internet suas pílulas de sabedoria, que trazem ensinamentos como o da não reatividade diante dos eventos. "Tudo o que acontece em nossa vida é por uma razão, não existem coincidências", diz Berg. "Por isso, temos que estar atentos ao modo como respondemos às situações, pois qualquer experiência, mesmo uma adversidade, pode ser uma grande oportunidade de crescimento."

COMO PONTO DE PARTIDA PARA O NOSSO USO DAS PALAVRAS, GOSTARIA DE TRAZER ALGO QUE VOCÊ ESCREVEU EM SEU *BLOG*: "AS PALAVRAS

SÃO A FORÇA MAIS PODEROSA À DISPOSIÇÃO DA HUMANIDADE". COMO É ISSO EXATAMENTE?

Isso é algo de que em geral não nos damos conta, mas as palavras são o próprio modo como manifestamos a nós mesmos no mundo. Elas têm uma energia inimaginável e, como tais, podem ser usadas tanto para curar e abençoar quanto para ferir e amaldiçoar. Isso tudo depende unicamente do modo como utilizamos esse poder; se o fazemos de forma construtiva ou, pelo contrário, destrutivamente. Por isso, sempre que fazemos uso da palavra, é muito importante prestar atenção com quem e sobre o que estamos falando, se nossas palavras são uma força para ajudar as pessoas ou apenas um instrumento para agredir e humilhar os outros. É preciso refletir bem antes de falar, ter plena consciência de cada palavra que sai da nossa boca. Por exemplo, se estivéssemos manuseando uma bomba que pudesse explodir a qualquer instante, certamente tomaríamos o máximo de cuidado com cada uma de nossas ações, não é? Pois é preciso o mesmo cuidado com as palavras, porque elas são igualmente poderosas.

BOM, PELO JEITO ENTÃO JÁ TERÍAMOS TODOS IDO PELOS ARES, POIS, APESAR DE TODO ESSE PODER, MUITAS VEZES NOSSAS PALAVRAS SÃO GASTAS EM FOFOCAS, RECLAMAÇÕES OU FALANDO MAL DOS OUTROS...

Sim, isso é algo a que precisamos estar atentos o tempo todo. Para não cair num comportamento reativo como este, falando mal de alguém porque achamos que essa pessoa fez isso ou aquilo, devemos prestar mais atenção ao outro, buscar ter mais apreço pelas pessoas, senti-las mais. Da mesma forma, se alguém começar a falar a respeito de outra pessoa com você, mude de assunto ou termine essa conversa na hora. Só de fazer isso, você já estará gerando uma tremenda luz para si mesmo e para o mundo. A maior parte do seu trabalho é feito agora mesmo, em cada momento da sua vida. E esse trabalho significa buscar ser menos reativo, entender que sua vida é a mesma, independentemente do que os outros digam ou pensem de você. Se você conserva seu sentimento de conexão interior, não precisa se preocupar em atacar ou **falar** mal dos outros.

Nada de vil, mesmo que esteja sozinho, fales ou faças. Aprende a respeitar mais a ti que aos outros. (Demócrito, filósofo grego)

ISSO ESTÁ DIRETAMENTE LIGADO A UM DOS PRINCÍPIOS BÁSICOS DA CABALA QUE VOCÊ MENCIONA NO LIVRO *O PODER DA CABALA*: "TODAS AS CARACTERÍSTICAS NEGATIVAS QUE VOCÊ IDENTIFICA NOS OUTROS SÃO APENAS UM REFLEXO DE SUAS PRÓPRIAS CARACTERÍSTICAS NEGATIVAS. SÓ AO CONSERTÁ-LAS EM SI MESMO, VOCÊ PODERÁ MUDAR OS OUTROS". NESSE SENTIDO, NÃO SERIA APENAS UMA QUESTÃO DE PARAR DE FALAR DOS OUTROS, MAS, SOBRETUDO, DE CESSAR OS NOSSOS JULGAMENTOS EM RELAÇÃO A ELES?

Sim, o nosso julgamento em relação aos outros é uma das coisas mais difíceis com as quais temos que lidar, é algo que está presente praticamente o tempo todo em nossa vida. E uma das funções de todo esse julgamento é nos manter separados, nos manter protegidos dentro de uma redoma onde ninguém pode nos tocar, isolados em nosso sentimento de superioridade e nossa atitude crítica em relação às outras pessoas. Mas uma coisa que nós sempre temos que lembrar é que muito raramente conseguimos enxergar o quadro completo de uma situação. Há milhares de razões possíveis para uma pessoa estar agindo de determinada maneira, pode estar acontecendo uma série de coisas em sua vida que a leve a se comportar de determinada forma. Assim, em vez de julgar, é preciso aprendermos a ser mais compassivos, a nos colocar no lugar do **outro**.

Se, ao encontrar uma pessoa, eu censurar suas fraquezas, privar-me-ei de força cognitiva superior; se tentar, com carinho, aprofundar-me em suas boas qualidades, estarei acumulando tal força. (Rudolf Steiner, escritor e espiritualista austríaco, criador da Antroposofia)

O MAIS ENGRAÇADO É QUE SOMOS ÓTIMOS EM JULGAR OS OUTROS, MAS NUNCA GOSTAMOS QUANDO OUVIMOS ALGUMA CRÍTICA DA PARTE DELES...

Exatamente. É como se estivéssemos sempre com uma lupa diante dos olhos, mas cujo lado pelo qual enxergamos varia conforme a nossa conveniência: quando olhamos para o mundo, posicionamos a lupa de modo que tudo se torne maior; quando olhamos para nós mesmos, invertemos o lado da lupa, e tudo fica menor. É assim que fazemos: ao olhar o outro, lente de aumento; ao olhar para nós mesmos, lente de diminuição. Esse é um dos motivos pelos quais é tão difícil ver os próprios defeitos. E é justamente aí que uma crítica sincera pode ser uma bênção. Se você se permite receber uma crítica de coração aberto, isso pode ajudá-lo muito, pois, com isso, você consegue enxergar coisas para as quais antes estava cego. Nesse sentido, sempre que for ouvir uma crítica, procure abrir os ouvidos e fechar a boca. E sempre que for se dirigir a alguém, antes de abrir a boca, abra também o coração.

ESSE TIPO DE ATITUDE CRÍTICA EM RELAÇÃO AOS OUTROS É PARTE DO QUE VOCÊ CHAMA DE COMPORTAMENTO REATIVO, NÃO É? DE QUE SE TRATA ESSA REATIVIDADE À QUAL ESTAMOS SUBMETIDOS E COMO TRANSFORMAR ISSO?

Muito do nosso comportamento reativo acontece simplesmente porque não mudamos o modo como agíamos quando crianças. Na infância, em geral, não temos muita escolha. Quase todos nós nos comportamos de forma reativa, chorando ou gritando caso alguma coisa não aconteça como queremos. O problema é que, na vida adulta, mantemos esse mesmo tipo de atitude diante de várias situações, por exemplo, ao xingar alguém no trânsito. Nesse sentido, um dos propósitos da vida é deixar de ser uma pessoa reativa para ser uma pessoa proativa. Isso significa perceber que o problema nunca está numa situação em si, mas na nossa reação a ela. Tudo o que acontece em nossa vida, tudo o que está diante de nós tem um motivo para ser assim.

Digo-vos, aceitai a Onivontade, se quereis transformar a derrota em vitória. Aceitai, sem um murmúrio, todas as coisas que de sua misteriosa sacola caírem sobre vós; aceitai com gratidão e com a fé de que são a parte justa e devida que vos cabe na Onivontade. Aceitai-as com vontade de compreender seu valor e seu significado. (Trecho de *O livro de Mirdad*, de Mikhail Naimy)

A chave para a felicidade é assumir a responsabilidade por nossas reações a cada uma das experiências que vivemos. Mesmo que um evento em sua vida não faça o menor sentido para você, que você o enxergue apenas como um obstáculo, é preciso compreender e **aceitar** que esse acontecimento, seja ele qual for, está aí por causa de uma lição importante que precisa ser aprendida. Com essa consciência, você deixa de ser reativo, vendo-se como uma vítima das situações, e passa a enxergar qualquer situação e qualquer obstáculo como uma oportunidade de crescimento.

ISSO ME LEMBRA DE OUTRO DOS PRINCÍPIOS DA CABALA ENSINADOS POR VOCÊ: "QUANTO MAIOR O OBSTÁCULO, MAIOR O POTENCIAL DE LUZ". O PROBLEMA É QUE, QUANDO ESTAMOS NO MEIO DE UMA SITUAÇÃO DIFÍCIL, É REALMENTE MUITO DIFÍCIL VÊ-LA COMO UMA ALIADA.

Sim, é muito difícil ter essa consciência quando estamos no meio da situação. Mas esse é um dos principais ensinamentos da cabala: tudo em nossa vida que nos causa dor, seja física, seja emocional, ocorre para que possamos transformar algo em nós que precisa ser transformado. Um bom exercício para enxergar essa verdade é olhar retrospectivamente para nossa vida. Se olharmos para trás, todos nós, sem exceção, vamos encontrar ao menos um momento em que pensávamos estar diante de uma grande adversidade, e, mais tarde, essa mesma situação acabou trazendo algum benefício ou aprendizado importante.

Por exemplo, eu frequentemente converso com pessoas que tiveram que superar situações extremamente difíceis, como uma longa batalha contra um câncer, e que, hoje, consideram que essa foi uma das partes mais significativas de suas vidas. Isso é algo que se vê o tempo todo. Uma situação que a princípio é vista como uma tragédia, como algo devastador, mais tarde acaba se revelando como uma bênção, pois, por causa dessa experiência, toda a existência da pessoa ganha um novo significado. Ela passa a apreciar cada detalhe de sua vida, passa a viver com um sentimento profundo de gratidão. Enfim, é algo que nunca podemos esquecer: quanto maior o obstáculo, maior o potencial de luz; **quanto** maior a dificuldade, maior o nosso aprendizado.

Quanto mais água, mais alto o barco. Quanto mais lama, maior o Buda. (Trecho do clássico chinês *Pi-yen-lu*, conforme citado em *Hagakure – o livro do samurai*, de Yamamoto Tsunetomo)

DE ACORDO COM ALGUMAS TRADIÇÕES, NOSSO MAIOR OBSTÁCULO ATÉ O CRIADOR É A FIGURA DO DIABO. SOBRE ISSO, VOCÊ ESCREVEU QUE "PARTE DO ARDIL DE SATÃ É NOS FAZER SENTIR COMO SE TIVÉSSEMOS FALHADO". PODE FALAR SOBRE ISSO?

Eu realmente acredito que o trabalho de Satã não é nos fazer cair, pois todos nós caímos, todos cometemos erros, isso é da natureza humana. Ninguém jamais viveu toda uma vida sem cometer um erro. O objetivo de Satã, na verdade, é nos fazer sentir culpados, como se tivéssemos falhado diante de toda a existência por cometer algum erro. Esse é o seu trabalho real, pois cair todos nós vamos. A sua verdadeira tarefa é nos manter para baixo, duvidando de nós mesmos, de nossa capacidade de nos levantar novamente. O trabalho do mal é nos manter para baixo, e o nosso trabalho é lutar para voltar para cima. Portanto, não se trata da queda em si, mas de ser capaz de se levantar de novo, de acreditar em si mesmo.

Ele [o diabo] me confessou que, relativamente a seu próprio poder, só tivera medo uma vez, e isso foi no dia em que ouvira um pregador, mais sutil do que o resto do rebanho humano, exclamar do púlpito: "Meus caros irmãos, quando ouvirdes gabar o progresso das luzes, nunca vos esqueçais de que o mais belo ardil do diabo consiste em persuadir-vos de que ele não existe!". (Trecho de *O jogador generoso*, do escritor e poeta francês Charles Baudelaire)

Não há uma pessoa que, diante de uma queda, não tenha experimentado um sentimento de dúvida em relação a si mesmo e à sua capacidade de se erguer novamente. Mas não há uma pessoa também que, em algum momento, não tenha dado a volta por cima. Se olharmos retrospectivamente, na vida de cada um de nós há algo que pode nos provar que somos capazes, que temos a força para nos levantar e enfrentar as exigências da vida. Qualquer pessoa pode voltar a algo em sua vida, não importa o quê, e buscar nessa experiência a confiança de que precisa para crer na sua força hoje e superar qualquer desafio. O que precisamos é derrotar esse **ardil**, essa voz do diabo, que é a voz da dúvida em nossa mente e que visa impedir nossa percepção dos milagres que, a todo momento, acontecem em nossa vida.

AINDA EM RELAÇÃO A SATÃ, O MESTRE INDIANO OSHO DIZ ALGO BASTANTE INTERESSANTE SOBRE

A PALAVRA QUE, EM INGLÊS, SIGNIFICA DIABO: *DEVIL*. ELE COMENTA: "SE ELA FOR LIDA DE TRÁS PARA FRENTE, FICA *LIVED* (VIVIDO). AQUILO QUE É VIVIDO TORNA-SE DIVINO, E AQUILO QUE NÃO É VIVIDO TORNA-SE O DIABO". O QUE ACHA DISSO?

Na verdade, essa observação de Osho, que busca um significado que pode se ocultar por trás das palavras, é algo bastante cabalístico. Na cabala, acreditamos que nada acontece por acaso, que não há coincidências. Assim, o fato de a palavra *devil* (diabo) ser *lived* (vivido) **ao contrário** certamente significa algo. Quanto à interpretação do Osho, ela faz sentido, mas essa é uma questão delicada, pois não há uma resposta definitiva, uma regra de conduta para todas as situações. Algumas vezes, você pode dizer sim para viver uma determinada situação, e isso ser algo divino; outras vezes, contudo, dizer não a determinada vivência é o mais divino a se fazer. Assim, não acredito que haja uma regra. Cada situação vai exigir que tenhamos consciência para fazer a escolha correta naquele momento. Na verdade, cada decisão que tomamos, a cada momento de nossa vida, é fundamental. Por exemplo, quando um famoso cabalista estava em seu leito de morte e lhe perguntaram qual teria sido a coisa mais importante que ele fez na vida, ele respondeu: "Isso que estou fazendo agora". Assim, o que importa é isso: estarmos presentes e conscientes em cada instante de nossa vida.

Mas pode uma palavra chegar à perfeição de se tornar um pássaro? Antigamente podia. [...] Notei que descobrir novos lados de uma palavra era o mesmo que descobrir novos lados do Ser. (Manoel de Barros, poeta mato-grossense)

NESSE SENTIDO, UMA GRANDE QUESTÃO PARA A MAIORIA DAS PESSOAS É CONSEGUIR MANTER ESSE ESTADO DE CONSCIÊNCIA EM MEIO À ROTINA DO DIA A DIA. DE FATO, É ALGO BASTANTE DIFÍCIL, NÃO É?

Certamente. Por isso, um de nossos maiores objetivos deve ser aperfeiçoar o nosso dia a dia, encontrar maneiras de nos sentirmos estimulados em meio à rotina das horas comuns. Afinal, nenhum de nós vive coisas extraordinárias o tempo todo. A maior parte de nossa existência transcorre numa base cotidiana. Nós geralmente acordamos no mesmo local, encontramos as mesmas pessoas, fazemos o mesmo tipo de coisas, etc. A vida é assim. Nesse sentido, se não encontrarmos uma maneira de aperfeiçoar o nosso cotidiano, isso significa que a maior parte de nossa vida não vai ser perfeita.

No meu caso, há duas coisas que faço diariamente e que me ajudam a dar mais significado ao meu cotidiano. Primeiramente, logo após acordar, procuro definir as minhas intenções para o dia: o que tenho que realizar; com quem tenho que me encontrar; o que é preciso superar; etc. Então, antes de dormir, faço uma recapitulação daquele dia. Eu fiz o que me propus? Eu me irritei ou magoei alguém? Procurei perdoar essa pessoa e a mim mesmo? Se não, procuro perdoar e depois vou dormir. Todos os dias eu faço isso: de manhã, as intenções para o dia; à noite, a recapitulação antes de dormir. Digamos que este seja o meu modo de lutar, pois sinto que é como se estivéssemos todos numa verdadeira luta contra a monotonia do cotidiano.

PUXANDO DESSA QUESTÃO DA LUTA, HÁ ANOS VOCÊ TAMBÉM PRATICA JIU-JITSU. CERTA VEZ, LI UMA ENTREVISTA DO LUTADOR BRASILEIRO DE JIU-JITSU RICKSON GRACIE EM QUE, AO LHE PERGUNTAREM A IDADE, ELE DISSE: "FAZ PARTE DA MINHA MANEIRA DE PENSAR NÃO FALAR A MINHA IDADE. ACREDITO NA FORÇA MENTAL, E

EDUCAR SUA MENTE A REPETIR SUA IDADE É UM GRANDE DEFEITO. [...] NÃO TENHO PROBLEMA EM TER NASCIDO EM 1959. MAS NÃO SEI QUANTOS ANOS TENHO. SE VOCÊ DIZ QUE TEM 30, 50 ANOS, FICA EM UMA SITUAÇÃO INCONSCIENTE DE QUE NÃO PODE MAIS FAZER O QUE VOCÊ FAZIA COM 15 ANOS. PREFIRO RESPONDER COM 18 OU 100 ANOS. O MAIS IMPORTANTE É ESTAR PRONTO. [...] SENÃO VOCÊ COMEÇA A SE LIMITAR". O QUE ACHA DESSE "TREINAMENTO"?

Acho ótimo, pois qualquer coisa que condicione negativamente a mente, que nos coloque nesse estado em que passamos a acreditar que não somos mais capazes de fazer algo, qualquer coisa desse tipo certamente não nos traz nenhum benefício. A grande realidade é que, em essência, nós não estamos sujeitos a nenhuma forma de limitação. Uma pessoa pode ter 100 anos de idade e fazer o que quiser. O problema é que, infelizmente, a maioria de nós ainda está muito longe de ter essa consciência de que não há limitações; estamos realmente muito distantes desse nível de consciência. Assim, até que possamos atingir esse grau de clareza, em que o mundo compreenda que, na verdade, nossa idade biológica não representa nenhuma limitação, que aos 70, 80 ou 100 anos podemos fazer o que quisermos, até realmente acreditarmos nisso, essa tentativa de fazer o cérebro ao menos esquecer qual é a nossa idade pode ser um bom treinamento sim. É algo que pode nos ajudar a atingir muito mais do que atingimos na vida atualmente.

EM RELAÇÃO AOS CONDICIONAMENTOS QUE ADQUIRIMOS AO LONGO DA VIDA, APESAR DE A IMPORTÂNCIA DO COMPARTILHAR SER UMA

DAS PRIMEIRAS COISAS QUE APRENDEMOS NA INFÂNCIA, A SOCIEDADE CONTEMPORÂNEA É QUASE TODA BASEADA NA IDEIA DE QUE É CADA UM POR SI. COM ISSO, NA IDADE ADULTA, EM VEZ DE DAR E RECEBER, NOS CONCENTRAMOS APENAS EM RECEBER. LEMBRANDO QUE O SIGNIFICADO LITERAL DA PALAVRA CABALA É "RECEBER", COMO O SENHOR ENXERGA ESSA QUESTÃO?

Um dos principais ensinamentos da cabala é que o propósito de toda a criação, o motivo pelo qual as pessoas vieram a este mundo é simplesmente mudar esse desejo egoísta, que todos temos, de receber só para si. O desejo de receber é algo legítimo, desde que inclua em si o ato de compartilhar. Sejam bens materiais ou algo como conhecimento e informação, tudo o que conseguimos obter na vida deve ser orientado de modo que possamos ajudar aos outros. O único propósito é este: receba para que possa repartir com o outro; receba para que, de alguma forma, você possa ajudar a quem precisa. É por isso que nos conectamos uns com os outros, para aprender a partilhar. Quando nos apegamos egoisticamente às coisas e ao desejo de receber só para si, impedimos que a energia de Deus, que é pura doação, flua em nossas vidas. Mesmo que seja apenas um abraço, um gesto de carinho, ao compartilhar com os outros, estamos aprendendo a diminuir esse desejo egoísta de receber só para si, estamos de fato cumprindo o propósito de estar nesta vida.

OU SEJA, A RESPOSTA PARA A FAMOSA INDAGAÇÃO DE QUAL É A NOSSA MISSÃO NA VIDA TALVEZ JÁ ESTEJA BEM DIANTE DE NOSSO NARIZ...

Sem dúvida. Cada um de nós tem uma centelha divina dentro de si, um propósito a cumprir nesta vida. Se estamos vivos hoje, se estamos aqui na Terra, é por uma razão. Nada acontece por acaso, não há coincidências. Isto é algo fundamental a se compreender: tudo o que somos, tudo o que vivemos, tudo o que nos rodeia faz parte de um plano perfeito, de um desígnio maior para podermos realizar o nosso potencial divino. Quando se compreende isso, e se compreende a importância do compartilhar com os outros, estamos no caminho para descobrir o verdadeiro motivo por que viemos a este mundo.

MELHOR DE TRÊS

O FILÓSOFO FRIEDRICH NIETZSCHE DIZIA QUE UMA ESPÉCIE DE ORAÇÃO DE CADA PESSOA AO INICIAR O DIA DEVERIA SER UM PENSAMENTO DO TIPO "HOJE VOU DAR ALEGRIA A ALGUÉM". EM SUA OPINIÃO, QUAL DEVE SER A ORAÇÃO DE CADA PESSOA PARA COMEÇAR O DIA?

Todos os dias, ao orar pela manhã, o que procuro fazer é pedir a Deus para ser um canal de Sua vontade, para que eu consiga manifestar o que quer que Deus me peça para manifestar. Nosso foco deve ser este: estar na vida como um canal do Criador, prontos a fazer aquilo que Ele nos peça para fazer.

O QUE É UMA PESSOA VIRTUOSA?

Uma pessoa virtuosa é aquela que está sempre trabalhando para fazer de si mesma uma pessoa melhor.

ATÉ HOJE, QUAL FOI O SEU MAIOR APRENDIZADO NA VIDA?

Acredito que meu maior aprendizado até hoje tenha sido este: eu não consigo fazer as coisas sozinho, eu preciso de ajuda. Essa foi uma grande revelação que tive ao longo da vida. Quando eu era mais jovem, achava que poderia fazer qualquer coisa sozinho, achava que não precisava da ajuda de ninguém, para nada. Somente com o passar dos anos, ao adquirir maturidade, é que descobri o quanto preciso da ajuda das outras pessoas. Esse foi um aprendizado fundamental: sozinho, nenhum de nós consegue realmente realizar a sua tarefa na vida.

MESA-REDONDA

Satish Kumar pergunta:

"QUAL É O PAPEL OCUPADO PELO REINO ANIMAL DENTRO DA TRADIÇÃO JUDAICA? O QUE O JUDAÍSMO TEM A DIZER SOBRE A VIDA DOS ANIMAIS?"

A visão judaica a respeito dos animais pode ser ilustrada com uma história envolvendo o rabino Isaac Luria (o Ari), considerado um dos maiores cabalistas de todos os tempos. Famoso por sua capacidade de ver muito além dos cinco sentidos, ele transmitia seus ensinamentos apenas a um grupo de sábios alunos escolhidos a dedo por ele. Certo dia, no meio de uma aula, o Ari virou-se repentinamente para um aluno e exigiu que ele saísse da sala na hora. O aluno, claro, quis saber o motivo. E o Ari disse que não poderia estar na mesma sala que ele, pois a conexão do discípulo com o Reino Divino estava bloqueada. Chocado e em prantos, o aluno então implorou que o mestre explicasse como tinha perdido sua conexão com Deus. E a resposta foi clara: havia três galinhas na casa do aluno, e já fazia três dias que os pobres animais não eram alimentados. A dor das galinhas era tão grande que, por causa disso, a conexão do aluno com o Reino Divino tinha sido bloqueada.

Em seguida, o Ari explicou que não importava o quão inteligente ou grande cabalista o aluno pudesse ser. Se uma pessoa não podia mostrar compaixão e cuidado em relação às criaturas de Deus, certamente também não poderia permanecer ligado a Ele. Depois de mandar o estudante ir para casa alimentar as galinhas, o Ari ainda o advertiu para que nunca mais se esquecesse de alimentar a sua criação todas as manhãs, pois essa era a sua responsabilidade, já que os animais não têm como pedir comida ou água quando têm necessidade. Enfim, essa história lança uma luz profunda sobre a importância de se cuidar de todos os seres vivos e sobre a nossa absoluta responsabilidade por toda a **dor** que possamos estar causando no mundo.

É absolutamente inútil orar a Deus e continuar a ferir os outros.
(Amma, líder espiritual indiana)

PARA SE CONHECER

Sites:
www.kabbalah.com
www.kabbalahcentre.com.br
Livros:
O poder da cabala, de Yehuda Berg (Imago)
Os 72 nomes de Deus, de Yehuda Berg (Rocco)

DONOVAN E SUSAN THESENGA

DE BEM COM A VIDA

Em uma das mais belas histórias de amor já contadas pelo cinema – o filme *Brilho eterno de uma mente sem lembranças*, dirigido por Michel Gondry e estrelado por Jim Carrey e Kate Winslet –, dois namorados em crise decidem esquecer um do outro, se submetendo a um tratamento mirabolante para apagar de seus respectivos cérebros as lembranças que têm do parceiro. Num dos momentos cruciais da trama, já tendo passado por várias situações surreais e prevendo mais um desfecho infeliz, a mulher resolve partir. "Espere! Não consigo ver uma coisa que não goste em você!", diz o namorado. "Mas você vai ver! Vai achar coisas. E eu vou me entediar", ela responde, listando os problemas já vividos pelos dois e que, a seu ver, destruiriam tudo de novo. Mas ele se aproxima, sorrindo, e a convence ao dizer: "Tudo bem".

Mesma frase que, para toda e qualquer circunstância da vida, poderíamos ouvir sendo dita pelo casal de psicoterapeutas americanos Donovan e Susan Thesenga.

Casados e trabalhando juntos há mais de 40 anos, eles estão entre os principais nomes mundiais do Pathwork, abordagem terapêutica que nasceu do trabalho mediúnico da austríaca Eva Pierrakos. Eva canalizou 258 palestras transmitidas por uma entidade conhecida como o Guia; juntas, formam um conjunto de ensinos sobre os processos psicológicos e espirituais envolvidos no caminho da autotransformação. Com várias obras publicadas, individualmente ou em coautoria com Eva Pierrakos, Donovan, 80 anos, e Susan, 76 anos, ajudaram a sistematizar e divulgar a técnica pelo mundo, incluindo o Brasil, onde, em 1993, os dois iniciaram programas de treinamento.

Há alguns anos, inspirados pelo contato que tiveram na Amazônia com a *ayahuasca* – bebida psicoativa sagrada para os povos indígenas e também conhecida como Daime nos meios urbanos –, os dois redirecionaram o foco de seu trabalho para o ensino e a prática da experiência do despertar espiritual. Como diz Donovan: "O despertar espiritual significa enxergar e aceitar a vida como ela é; compreender que, no fundo, está tudo bem, que tudo acontece como tem que acontecer". E Susan completa: "Porque você sabe e confia que qualquer coisa, mesmo uma situação difícil, ocorre de acordo com a vontade de uma força superior, que faz tudo para a nossa evolução".

GOSTARIA DE COMEÇAR COM UM CONVITE QUE A PRÓPRIA SUSAN FAZ NO POEMA *CARNIVAL*: "APROXIME-SE PARA ASSISTIR AO MAIOR ESPETÁCULO DE AMOR E LUZ DA TERRA,

ACONTECENDO AGORA MESMO NA VASTA TENDA DE SEU PRÓPRIO SER. O PREÇO DO INGRESSO? [...] TODAS AS FRÁGEIS IDEIAS SOBRE QUEM VOCÊ PENSA QUE É". ENTÃO, O INGRESSO PARA UMA PESSOA COMEÇAR A SE CONHECER É SE LIVRAR DAS IMAGENS IDEALIZADAS QUE FAZ DE SI MESMA?

Donovan: Sim, pois a maioria das pessoas vive presa a uma imagem idealizada de si. E, se queremos conhecer a nossa verdadeira essência, isso tem que ser descartado. Coisas como "Sou sensível", "Sou viril", "Sou espiritualizado", etc. – tudo isso impede o contato com o nosso ser real, que está muito além de qualquer definição.

MAS EM QUE MOMENTO COMEÇAMOS A CRIAR ESSAS IMAGENS IDEALIZADAS DE NÓS MESMOS?

Susan: Isso evolui como uma forma de defesa contra a dor, algo que toda pessoa vive ainda na infância. Por exemplo, quando a criança se dá conta de que não tem o amor exclusivo dos pais, que eles não estão à disposição para atender a todos os seus desejos. E, do ponto de vista do Pathwork, há três estratégias principais pelas quais tentamos evitar a dor. Uma é a estratégia ou máscara de poder, quando a pessoa busca ter controle sobre todas as circunstâncias da vida, para nunca sentir dor. Outra é a máscara da submissão, do amor, em que o sujeito sempre é o cara legal, bonzinho; o pensamento é este: "Se eu fizer tudo como os outros esperam, vou ter a aprovação deles, serei amado e não vou sofrer". E a terceira estratégia é o retraimento, a máscara da serenidade: "Se não me envolver, não vou ser ferido".

Essas estratégias são criadas geralmente na relação com os pais, que são a primeira autoridade. E, uma vez que desenvolvemos essas defesas, também as idealizamos. Assim, a máscara de poder é idealizada como virilidade e força. A máscara da submissão ganha um verniz nobre de "Sou uma boa pessoa". E o retraimento é idealizado como uma serenidade quase santificada: "Sou uma pessoa serena, estou acima de tudo isso".

O PIOR, DIGAMOS ASSIM, É QUE ESSAS IDEALIZAÇÕES ENVOLVEM QUALIDADES QUE TÊM UMA ESSÊNCIA BASTANTE POSITIVA, COMO FORÇA, AMOROSIDADE E SERENIDADE.

Susan: Sim, e este é um aspecto importante destacado no Pathwork, o de que essas defesas, na verdade, são distorções de qualidades inerentes ao que chamamos de "eu superior". Afinal, amor, poder e serenidade são basicamente boas qualidades. Nesse sentido, se alguém usa a máscara de poder é porque, internamente, também tem uma forma positiva de poder à sua disposição; se usa a máscara do amor, é por ter em si a capacidade de amorosidade e empatia com as pessoas; da mesma forma, a serenidade é uma qualidade do eu superior dessas pessoas. O problema é que a pessoa não percebe que usa essa qualidade superior como uma estratégia de defesa e acaba se identificando com essa máscara, como se ela fosse o seu verdadeiro ser: "Eu sou uma pessoa legal, é isso que eu sou".

Donovan: E ai de quem lhe disser o contrário...

Susan: O antídoto para se livrar dessa identificação com as próprias defesas é sentir a sua dor original, pois, uma vez que você desvelou essa dor, não precisa mais defendê-la. E você vai ancorando o seu eu superior, a consciência de si como um ser espiritual que veio a esta encarnação para purificar sua alma. Quando você ainda se identifica com suas defesas, você não as deixa ir, pois pensa que, se a sua defesa morrer, você morre com ela. Este é um processo que permeia todos os caminhos espirituais, de encarar constantemente a morte de quem pensamos ser, rumo a uma identidade cada vez mais ampla.

Donovan: Pois, no fundo, qualquer coisa que você pensa sobre si é uma limitação: "Eu sou isto, e não aquilo" – isso é uma limitação. Uma vez que vê a sua imagem idealizada como o que ela de fato é, uma máscara de defesa, você se aproxima de uma identidade mais ampla como ser humano. E começa a contestar até mesmo essa identidade. Pois, em essência, o nosso ser real não é sequer uma pessoa, uma entidade separada. Assim que descarta essa ilusão da identidade separada, você percebe que é tudo e nada ao mesmo tempo. Como disse Sri Nisargadatta Maharaj, um dos grandes mestres indianos: "Quando eu olho para dentro e vejo que não sou nada, isso é sabedoria. Quando eu olho para fora e vejo que sou tudo, isso é amor. E entre esses dois polos, minha vida gira". Nada é excluído e nada é agarrado. Deixa-se tudo ir, e, uma vez que tudo se foi, tudo está aqui. Nós nos aprofundamos na realidade de nosso ser, adentrando numa vasta, jubilosa e desconhecida presença.

NO LIVRO *A ESPIRITUALIDADE DO CORPO*, O PSICOTERAPEUTA AMERICANO ALEXANDER LOWEN, COM QUEM VOCÊS ESTUDARAM

PESSOALMENTE, AFIRMA QUE UM ELEMENTO ESSENCIAL PARA SE VIVER EM ESTADO DE GRAÇA SERIA O SENTIMENTO DE AMOR POR NÓS MESMOS. MUITAS VEZES, PORÉM, AS IMAGENS QUE FAZEMOS DE NÓS MESMOS ESTÃO LONGE DE REFLETIR ESSE AMOR PRÓPRIO, NÃO É?

Donovan: Sem dúvida. Se há uma questão vivida por praticamente todas as pessoas é esta: um profundo sentimento de inadequação. Temos uma grande incerteza em relação a nós mesmos, achando sempre que há algo de errado, que não somos nem nunca seremos bons o suficiente. E essa crença é muito debilitante. É o oposto da autoaceitação, quando você compreende que é perfeito do jeito que é. A crença na inadequação é o equivalente à ideia judaico-cristã do pecado original, de que, não importa o que eu faça – ou se foram Adão e Eva que fizeram –, sempre há algo de fundamentalmente errado comigo.

Susan: Assim, qualquer trabalho profundo implica encarar as crenças negativas que temos sobre nós mesmos; aprender a dar um passo atrás, se distanciar desse sentimento de inadequação, compreender que essa crença não é a realidade de nosso ser. Você simplesmente observa esse sentimento. E, em vez de se identificar com ele, você se pergunta: "Quem está observando essa crença?". É um nível mais profundo de nosso ser; e é desse nível que se manifesta o amor por nós mesmos. Pois amar a si mesmo é realmente amar a existência tal como ela é. E, dentro de nós, existe esse nível de ser que não tem nenhuma desavença com a vida; ele é apaixonado pela existência, tal como ela é. Nesse nível, podemos compreender a realidade de que aquilo que somos é puro amor. Nós somos o amor que cria toda a vida, e que é apaixonado por ela. Portanto, não se trata de algo pessoal – é apenas isto: eu me amo, assim como a vida ama a si mesma, sob a forma de Lauro, Susan, Donovan ou as infinitas formas como a vida se manifesta.

OU SEJA, O CAMINHO É A AUTOACEITAÇÃO, O QUE INCLUI A ACEITAÇÃO PLENA DE TODAS AS NOSSAS IMPERFEIÇÕES?

Donovan: Sim, isso é muito importante. E, se primeiro nós as consideramos como imperfeições, na perspectiva final, percebemos que elas nem são imperfeições. Algumas árvores são altas, e outras são baixas; só isso; não há nenhum problema.

Susan: Ser capaz de aceitar a nossa humanidade tão plenamente ao ponto de não a julgar; esse seria um modo mais profundo a partir do qual viver. Mas, claro, a maioria de nós julga o tempo todo. Assim, o primeiro passo é dar uma boa olhada e acolher as coisas que rejeitamos em nós mesmos. As negatividades, as **imperfeições**, as falhas de caráter – simplesmente as reconhecer e assumir a responsabilidade por elas já é um passo profundo na cura. Lembrando que assumir a responsabilidade é muito diferente de sentir-se culpado por algo. Sentir-se culpado é o modo como nos punimos. E, quanto mais as pessoas se punem, piores se sentem, e vão agir de forma ainda pior.

Donovan: O sentimento de culpa é o preço que estamos dispostos a pagar para não mudar: sinto-me culpado pelo que fiz, mas faço novamente; daí, para me punir, me culpo de novo, e depois repito o que fiz; e assim vai.

Esse é o abismo da vaidade, da corrupção que Deus quer fazer-te descobrir em teu próprio coração; precisas olhar para ele com a calma e a simplicidade que pertencem à humildade verdadeira. É simples amor de ti mesmo o ficares inconsolável à vista das tuas próprias imperfeições; mas enfrentá-las rosto a rosto, sem lisonjeá-las nem tolerá-las, procurando corrigir-te sem te tornares irritável – isso é desejar o que é bom em si e pelo amor de Deus.
(François Fénelon, escritor e teólogo francês)

Susan: Tudo começa aprendendo a observar-se de verdade, assumindo a responsabilidade por sua negatividade com o coração aberto, pois, feito isso, pode-se ter compaixão pelo que está na raiz de tudo. E, em geral, a causa dessa negatividade é alguma dor tentando ser evitada. O Guia do Pathwork fala muito sobre isso ao explicar sobre a origem do que ele chama de "eu inferior", o nosso mal pessoal. Ele afirma que todo o mal é basicamente uma fuga da dor. Assim, em vez de temer esse mal, precisamos compreender que o nosso eu inferior, nossas negatividades, tudo isso nasceu para evitar uma dor que, num dado momento, era intolerável para nós; foi o que demos conta de fazer naquele momento. Quando vemos isso, podemos retornar com segurança àquela dor, sentir o que precisa ser sentido, com compaixão e acolhimento, para, finalmente, conseguir entrar em contato com o nosso eu superior, o nosso eu de amor que abarca todo o *show*.

Nosso medo mais profundo é o de que somos poderosos além da medida. É a nossa luz, não nossa escuridão, o que mais nos apavora. Perguntamos a nós mesmos: "Quem sou eu para ser brilhante, belo, talentoso, fabuloso?". Na verdade, quem é você para não ser? Você é uma criança de Deus. [...] Não há nada de iluminado em se diminuir. [...] Nós nascemos para manifestar a glória de Deus que está dentro de nós. (Marianne Williamson, escritora americana)

SOB ESSA PERSPECTIVA, É COMO SE, NO FUNDO, O QUE NÓS MAIS TEMÊSSEMOS NÃO FOSSE A PRÓPRIA DOR, MAS O AMOR QUE ESTÁ POR TRÁS DESSA DOR. NESSE SENTIDO, EM VEZ DE *NÃO TEMAS O MAL*, COMO AFIRMA O TÍTULO DO LIVRO DA EVA PIERRAKOS E DO DONOVAN, TALVEZ PUDÉSSEMOS DIZER: "NÃO TEMAS O BEM".

Susan: Com certeza. A escritora americana Marianne Williamson tem um texto, com frequência atribuído a Nelson Mandela, em que ela diz que o nosso **medo** mais profundo é o de nossa própria grandeza. No fundo se trata disto, de aprender a repousar na grandeza que já está aqui. Uma grandeza que, em última instância, não tem nada de pessoal – é a própria força da vida que dá à luz tudo isso.

Donovan: Assim, existe este primeiro passo, em que você reivindica a sua própria grandeza. Mas há um passo além, em que se compreende que toda essa grandeza já está aqui, que nada é realmente seu; assim como seus **defeitos** não são seus, são apenas distorções da força da vida para servir de proteção contra a dor, contra a vulnerabilidade de amar. Você compreende que você não apenas ama, mas que você é o amor.

Todas as coisas exaltam a Deus. As trevas, as privações, os defeitos e o mal também exaltam a Deus e o bendizem. (Mestre Eckhart, filósofo místico alemão)

FALANDO ESPECIFICAMENTE DO AMOR ENTRE DUAS PESSOAS, EM UM TEXTO, A SUSAN DIZ QUE, ATRAVÉS DA "GRAÇA DE NOSSO CASAMENTO, DIARIAMENTE NÓS TOCAMOS A UNIDADE QUE EXISTE POR TRÁS DE NOSSA APARENTE DUALIDADE". DE QUE MODO A RELAÇÃO A DOIS PODE SER UM CAMINHO PARA O CRESCIMENTO PESSOAL E ESPIRITUAL DE CADA UM?

Susan: A principal condição é a aceitação completa e integral do outro, exatamente como ele é. O que não é fácil. No nosso caso, talvez tenhamos precisado de 30 dos nossos 40 anos juntos para chegar lá, lidando de forma aberta e honesta com os nossos defeitos.

Donovan: A questão é parar de tentar mudar a outra pessoa e procurar seguir com ela, sem pensamentos do tipo: "Se ao menos você mudasse este aspecto seu, eu seria feliz" – algo que quase todo mundo faz.

Susan: A principal coisa que precisa mudar num relacionamento é a crença de que algo precisa ser mudado, pois, uma vez que se repousa na aceitação total e completa do parceiro, ou da vida em geral, a alegria e o amor surgem naturalmente. Uma definição de iluminação é esta: "Total cooperação com o inevitável". Quando não se impõe resistência ao que está aqui e agora, a alegria surge espontaneamente. Assim, o que é preciso é desmantelar os julgamentos e as ideias que temos sobre como a outra pessoa deveria ser. Isso não significa que se vai gostar o tempo todo do modo como o outro age. Mas, com honestidade, você pode mostrar isso para ele: "Olhe, você não parece estar em seu coração agora, está agindo de forma distante, descuidada". E o outro pode ouvir isso com amor. Assim os dois caminham juntos, como companheiros no caminho espiritual, recebendo *feedback* um do outro, e isso não os ameaça, pois sabem que estão agindo a partir de um centro de amor.

Donovan: A relação a dois é um teste poderoso: "A sua espiritualidade é mesmo verdadeira ou é só teórica? Você realmente consegue estar ao lado de alguém sem julgamentos? Você realmente aceita a vida como ela é?".

MAS COMO DISCERNIR SE, AO ACEITAR O OUTRO COMO ELE É, ESTOU REALMENTE LIDANDO COM A ESSÊNCIA DESSA PESSOA OU, NA VERDADE, APENAS COM O SEU EU INFERIOR?

Susan: Essa é uma questão importante, pois a aceitação não significa, por exemplo, que você tem que ficar num relacionamento abusivo, em que não existe mais amor. Isso não serve ao outro nem a você. Trata-se de aceitar a realidade como ela é – essa é a pré-condição para qualquer ação sã. A partir daí, até que ponto eu vou enfrentar a grosseria, a negatividade, o falso *Self* da outra pessoa, isso tudo vai depender do contrato que temos um com o outro, do nível de comprometimento, amor e amizade que se tem no relacionamento.

AGORA, SE JÁ É DIFÍCIL EXERCER A ACEITAÇÃO EM RELAÇÃO A ALGUÉM QUE SE AMA, NO CASO DAS PESSOAS QUE ENCONTRAMOS NO DIA A DIA, NA FILA DO SUPERMERCADO, POR EXEMPLO, AÍ SIM A COISA COMPLICA...

Donovan: Sim, no supermercado é ainda mais difícil. Mas, de novo, a questão é prestar atenção aos julgamentos que fazemos em relação aos outros: "Esta senhora demora demais", "Este cara é meio estranho", etc. Você deve apenas observar esses pensamentos, com objetividade e compaixão. Essa prática é o que chamamos de "o observador" ou "a testemunha". Se fizer isso com sinceridade, muitas e muitas vezes, você começa a entrar em contato com um nível de consciência mais profundo do que o de alguém que se incomoda com o modo como as coisas são.

Tudo na vida que nós realmente aceitamos sofre uma transformação. Assim o sofrimento se torna amor. Esse é o mistério. (Katherine Mansfield, escritora neozelandesa)

Susan: O núcleo de nossa reatividade emocional é este: algo não deveria ser do jeito que é. Nesse sentido, o essencial é observar que isso é o que acontece dentro de você. Não é para torná-lo diferente. A raiz para a transformação é a **aceitação** do que se é: "Eu tenho essas reações, esses julgamentos". Tudo bem, apenas observe. De onde isso vem? O que, de fato, é tão intolerável? O mestre americano Adyashanti diz: "Eu vejo as mesmas coisas que você vê, as coisas que parecem erradas no mundo, mas as vejo apenas com compaixão, sem julgamento". Não importa quão negativas ou desequilibradas as pessoas sejam, todas elas estão sofrendo, há muita tristeza e dor. Se abandonarmos nossos julgamentos, nossa superioridade, podemos ver isso.

Donovan: Até chegar a um nível em que se percebe que, na verdade, nada é triste e doloroso. É apenas o que é. Há um primeiro nível, da reatividade, em que você se irrita com algo e quer mudá-lo; há o nível da aceitação, quando se percebe a situação como triste e dolorosa; e, finalmente, há um nível em que se ama tudo do jeito que é.

Susan: Porque você confia que existe algo maior trabalhando através da existência. Você se entrega à **confiança** de que há uma força, um poder, que é Deus trabalhando através da vida humana, fazendo o que tem que ser feito para despertar cada um de nós.

A fé é o sentimento de Deus, ou da Vida, em nós. Ela é confiança em si, energia, dinamismo. (Wilhelm Reich, psicoterapeuta austríaco)

NESSE SENTIDO, VOCÊS ENFRENTARAM UMA SITUAÇÃO BASTANTE DIFÍCIL E DOLOROSA COM SUA FILHA ADOTIVA, QUE, POR ANOS, FOI DEPENDENTE DE DROGAS. COMO VOCÊS ENXERGAM ESSA EXPERIÊNCIA HOJE? DE QUE FORMA ELA SERVIU COMO UMA FONTE DE CRESCIMENTO PESSOAL?

Susan: Durante dez anos, nossa filha adotiva lutou contra um vício grave de heroína e anfetaminas. Foi um inferno vivido por todos nós. Todas as minhas idealizações como mãe e terapeuta foram demolidas. É como se essa experiência tivesse apertado cada botão em mim: meu julgamento como uma péssima mãe;

minha autopunição; minha necessidade de controle – toda a minha negatividade foi trazida à superfície. E a cada recaída da minha filha, a cada fuga, a cada vez que algo de ruim acontecia, meu coração se partia.

Ao mesmo tempo, impusemos limites firmes, como nunca lhe dar dinheiro quando ela vivia nas ruas ou permitir que se drogasse em nossa casa. Desse modo, além de nos proteger, nós a protegíamos de abusar de nós, pois, se tivéssemos permitido isso, ela teria sentido muita culpa. E o sentimento de culpa é o pior algoz de um viciado, é a culpa que o mata. Inconscientemente, ele se sente tão mal pelas coisas que faz, consigo mesmo e com os outros, que a única forma que acha para abrandar a culpa é consumindo mais drogas. Assim, não deixamos que ela abusasse de nós, mesmo estando sempre a seu lado, mesmo tendo nosso coração partido, o que ocorreu inúmeras vezes.

Donovan: Foram várias vezes por ano, durante dez anos. O sentimento constante era algo como: "Meu Deus, por quanto tempo isso vai continuar? Até quando, meu Deus?". Se alguém tivesse me dito de antemão como seriam aqueles dez anos, eu diria: "Eu não dou conta, eu vou desistir". Mas nós descobrimos essa força e continuamos a criá-la para seguir em frente. Você só descobre que tem a força para enfrentar uma situação como essa ao passar por ela.

Susan: E, finalmente, você descobre que mesmo uma provação como essa pode servir de passagem para um nível mais profundo de consciência. Pois eu vi que, a cada vez que meu coração se partia, ele ficava maior. Aprendi que o seu coração se partir pode ser o caminho para que ele se expanda. Basta você deixar a dor existir; em vez de tentar combatê-la ou fugir dela, você apenas sente a sua dor. Foi uma lição incrível: aprender que, se mantiver seu coração aberto, permitindo até que ele seja partido, você pode ser uma pessoa mais consciente e desperta.

Donovan: Tão logo atravessa para o outro lado, você vê que mesmo um evento como esse, que normalmente você diria ser uma tragédia, pode ser um caminho de crescimento. Na verdade, você compreende que, seja qual for a experiência pela qual você esteja passando, tudo está **perfeito**, exatamente como é.

Toda Natureza não é senão Arte, desconhecida para ti; Todo Acaso, Ordem, que não pode ser vista por ti; Toda Discórdia, Harmonia, não compreendida; Todo Mal parcial, Bem universal; E, apesar do Orgulho, apesar da Razão errônea, Uma verdade é clara: "Seja o que for, está certo". (Alexander Pope, poeta britânico)

ISSO ME LEMBRA DE UM TRECHO DO LIVRO *AMOR QUE NÃO SE MEDE*, QUE A SUSAN PUBLICOU CONTANDO SOBRE TODA ESSA EXPERIÊNCIA: "EM VEZ DE ENXERGAR A SI MESMO E À SUA VIDA COMO PROBLEMAS A SEREM RESOLVIDOS, EU O CONVIDO A VER SUA EXPERIÊNCIA A CADA MOMENTO COMO PARTE DE UMA TAPEÇARIA TECIDA PELO AMOR".

Susan: Sim. Pois não foram poucas as vezes em que eu disse: "Meu Deus, isso nunca deveria ter acontecido". Na pior fase, minha filha dormia no chão de banheiros públicos, nas ruas, comendo restos que achava no lixo. Chegou um momento em que não pude mais sustentar a ilusão de controle e parei de ficar lutando a todo custo para resolver o problema. Foi aí que percebi: o que estava causando o maior estresse era justamente a crença de que nossas vidas eram um problema a ser resolvido. E, quando questionei essa crença, eu me entreguei. Passei a aceitar as nossas vidas exatamente como eram. Eu me curei daquela noção de que algo estava errado e comecei a confiar que uma força maior estava nos conduzindo, que o **amor** estava nos guiando. Vivi curas profundas, que, não fosse pela experiência com minha filha, talvez eu nunca viesse a obter.

Uma palavra nos liberta de todo o peso e dor na vida. Essa palavra é Amor. (Sófocles, dramaturgo grego)

VOCÊ PODE DAR UM EXEMPLO?

Susan: Durante a pior fase, nós passamos um Natal na casa de minha mãe, que tinha 94 anos. Eu sentia muita falta da minha filha, que estava nas ruas na época, mas eu estava determinada a ter um mínimo de espírito de Natal em família. Assim, saí para comprar uma árvore de Natal, apesar da neve que caía naquela noite. Só que, após penar para colocar a árvore de pé no suporte, quando abri a caixa para pegar os enfeites, vi que Donovan tinha trazido a caixa errada! Foi a gota d'água. Eu fiquei histérica e comecei a gritar com ele, totalmente descontrolada.

No meio desse caos, ouvi os sons de um andador vindo em direção à sala. E pensei: "Era só o que me faltava, ter que lidar agora com minha mãe, que mal sabe lidar com as próprias emoções". Mas ela veio, sentou-se no sofá e me puxou para seu lado, me envolvendo em seus braços. E ela disse: "Eu não sei o que fazer. Eu te amo tanto". Entre soluços, eu respondi: "O que está fazendo já está perfeito". E fui relaxando cada vez mais, me permitindo ser amparada por ela de um jeito que eu nunca tinha sido amparada. Nesse instante, qualquer resquício de amargura que ainda pudesse carregar em relação à minha mãe – por ela não ter me amparado o suficiente na infância – derreteu completamente. Estávamos nós duas ali, repletas de amor, suportando juntas o que eu já não tinha que suportar sozinha. E depois ela disse: "Agora vá e compre algumas luzes e enfeites. Nós vamos ter a árvore de Natal que você quer!".

MUITAS FAMÍLIAS HOJE EM DIA ENFRENTAM ESSE PROBLEMA DO VÍCIO DE DROGAS. NO CASO ESPECÍFICO DA RECUPERAÇÃO DE SUA FILHA, ALÉM DA CONFIANÇA EM UM DESÍGNIO SUPERIOR, O QUE VOCÊS ACHAM QUE MAIS AJUDOU PARA QUE ELA LARGASSE O VÍCIO?

Susan: Tivemos muito auxílio, mas o que mais ajudou nossa filha a superar o vício, assim como nos ajudou a enfrentar a situação, foi o fato de termos conhecido o Santo Daime, no Brasil, e seu sacramento extraordinário, a *ayahuasca*, uma bebida psicoativa usada há milênios pelos xamãs sul-americanos. Por um bom tempo, foi o único remédio que conseguiu ajudá-la, até ela se tornar acessível à psicoterapia e a outros tratamentos. O Daime se apresentou para ela como aquilo que ele é, um poder superior, real, que lhe mostrou que ela era uma pessoa de valor, pois, por trás do sofrimento com o vício, seu verdadeiro inferno era achar que ela era inútil, má, culpada, continuando a se punir de acordo com essa crença. A *ayahuasca* lhe ensinou a dar um passo para trás, a ver a si mesma sob outra perspectiva.

Como minha filha me disse: "Eu antes acreditava que eu era a minha loucura, mas o Daime me mostrou que isso era só algo que eu estava carregando, não quem eu sou". Este é um aprendizado e tanto para um viciado: "Eu tenho um vício, mas isso não sou eu. Eu não sou um viciado, eu sou um ser livre, um filho de Deus, mas que agora carrega esse fardo". Três quartos da sua cura estão bem aí.

Donovan: Ela não estaria viva se não fosse pelo Daime, pois a opinião que tinha de si mesma era tão ruim que ela só queria morrer. Mais tarde, outro fator que deu uma guinada em sua vida foi ela ter participado de um programa de tratamento com ***iboga***, que seria o equivalente africano da *ayahuasca*. Descobriu-se que essa substância, além de ajudar no autoconhecimento, reduz a ânsia do viciado pelos narcóticos por cerca de dois meses, que é tempo suficiente para ele se tratar. A ânsia pela heroína é tão intensa que é difícil até para a pessoa entrar em tratamento. E a planta dá esse hiato de alguns meses, em que a pessoa não fica desesperada atrás da droga e pode cuidar de si. É uma janela de oportunidade.

Usada em cerimônias da religião buiti, presente em vários países africanos, como o Gabão, a raiz do *Tabernanthe iboga* é consumida ritualisticamente por mais de um milhão de pessoas.

Depois, claro, a pessoa tem que fazer um trabalho psicológico profundo sobre si, para completar a sua cura. No caso de nossa filha, ela estava em um programa de pesquisa patrocinado pelo governo dos EUA, que era conduzido por uma especialista da Universidade de Miami. Esse programa, de certa forma, trouxe de volta toda a sua experiência com a *ayahuasca*, fazendo-a sentir-se de novo valorizada. Em seguida, ela passou por um ano de tratamento holístico, quando, basicamente, deu a grande virada.

E COMO FOI A EXPERIÊNCIA PESSOAL DE VOCÊS COM A *AYAHUASCA*? FAZENDO UM PARALELO COM O SEU INTERESSE NO PAPEL DA FÍSICA QUÂNTICA EM DESVENDAR A REALIDADE DO ESPÍRITO,

MUITAS DAS DESCOBERTAS SOBRE A NATUREZA DA MATÉRIA SÓ FORAM POSSÍVEIS GRAÇAS AOS ESTUDOS FEITOS COM OS ACELERADORES DE PARTÍCULAS. NESSE SENTIDO, A *AYAHUASCA* SERIA UMA ESPÉCIE DE "ACELERADOR DE PARTÍCULAS" PARA ENXERGAR NOSSA VERDADEIRA NATUREZA?

Donovan: Sim, é uma ótima analogia, a metáfora está perfeita. Além de ser um remédio espiritual, a *ayahuasca* funciona como uma espécie de microscópio superpotente, que lhe fornece imagens mais claras e profundas de sua natureza interior.

Susan: É como uma espécie de amplificador da voz do divino. Muitas tradições ensinam que se deve buscar ouvir aquela pequenina voz que fala dentro de nós, a voz de Deus que vive em nosso interior; ao tomar a *ayahuasca*, o volume dessa voz é aumentado.

Donovan: Claro, como tudo na vida, isso também requer um aprendizado, para não cairmos nas armadilhas da mente, pois, às vezes, a *ayahuasca* lhe mostra a verdade; mas, às vezes, o que ela lhe mostra são apenas suas ideias distorcidas sobre a verdade. É preciso saber distinguir uma coisa da outra. Como dizem as pessoas que tomam a bebida, é um "estudo fino".

Susan: Um aspecto importante do ponto de vista psicológico é que, independentemente da situação pela qual você esteja passando, a *ayahuasca* lhe ajuda a dar um passo para trás, a criar um distanciamento, mudando a perspectiva que se tem da coisa. Com isso, a situação deixa de ser tão terrível, pois você não está mais perdido na identificação com ela.

NOS ÚLTIMOS ANOS, O CERNE DO TRABALHO DE VOCÊS TEM SIDO O ENSINO E A PRÁTICA DA EXPERIÊNCIA DO DESPERTAR ESPIRITUAL. EM RELAÇÃO A ISSO, O MESTRE INDIANO OSHO DISSE: "A ILUMINAÇÃO É SEMPRE SÚBITA PORQUE NÃO É UMA CONQUISTA; ELA JÁ EXISTE. [...] VOCÊ JÁ ESTÁ ILUMINADO, MAS NÃO TEM CONSCIÊNCIA DISSO. A ILUMINAÇÃO É A CONSCIÊNCIA DAQUILO QUE JÁ EXISTE". É POR AÍ?

Donovan: Sim, a experiência do despertar é apenas isto: você acorda para a realidade da existência. Tudo é exatamente o mesmo, mas você enxerga de forma diferente. E sim, não é uma questão de conquistar algo, você não ganha nada com isso. Como o próprio Buda teria afirmado: "Completa e perfeita iluminação veio para mim, e eu não ganhei absolutamente nada com a completa e perfeita iluminação". Parece um paradoxo, mas não é. Ele não ganhou nada porque, ao despertar, é dessa ideia de que existe um "ele", um "eu", uma entidade separada a quem falta algo, é disso tudo que você toma consciência e se liberta. E, uma vez que esse despertar acontece, ele continua se aprofundando. A única coisa que você tem que fazer é se entregar, confiando que, cada vez mais, tudo está acontecendo como tem que ser.

SERIA ALGO NA LINHA DO QUE VOCÊ DIZ NA INTRODUÇÃO DO LIVRO *ENTREGA AO DEUS INTERIOR*: "O QUE É, PORTANTO, ESSE TRABALHO? É APRENDER COMO SE ENTREGAR A DEUS. [...] O TRABALHO ESPIRITUAL SIGNIFICA DESISTIR CORAJOSAMENTE DE TODAS AS METAS E EXPECTATIVAS [...] E SIMPLESMENTE ENTREGAR-SE À VONTADE DE DEUS".

Donovan: Exatamente. Essa é a nossa tarefa, é para isso que estamos aqui. É a isso que Jesus se refere na parábola da pérola de grande valor, quando um homem desejava tanto uma pérola que vendeu tudo o que tinha para poder comprá-la. Isso é que é necessário para despertar. Estar disposto a desistir de tudo, a entregar-se completamente à vontade de Deus. Assim que estiver disposto a desistir de tudo, a sabedoria vem até você; e você descobre que, na verdade, não perdeu nada. Mas você tem que estar disposto a desistir de tudo, incluindo as crenças mais queridas sobre si mesmo.

Susan: Incluindo até mesmo a noção de que é uma pessoa iluminada, alguém que despertou. Você simplesmente confia e se entrega à vontade de Deus, permitindo que a sua verdadeira essência irradie através de você.

MELHOR DE TRÊS

O FILÓSOFO FRIEDRICH NIETZSCHE DIZIA QUE UMA ESPÉCIE DE ORAÇÃO DE CADA PESSOA AO INICIAR O DIA DEVERIA SER UM PENSAMENTO DO TIPO "HOJE VOU DAR ALEGRIA A ALGUÉM". EM SUA OPINIÃO, QUAL DEVE SER A ORAÇÃO DE CADA PESSOA PARA COMEÇAR O DIA?

Donovan: No meu caso, começo todos os dias assim: alguns minutos após despertar, eu simplesmente olho para o mundo, percebendo meus sentidos, sem ter nenhum pensamento sobre isso. Não é preciso fazer nada. É uma experiência que acontece por si só. Você simplesmente toma consciência do que seus sentidos estão lhe trazendo: visões, sons, sensações, etc. Você fica ciente de todas essas sensações e percebe que, para isso, não há necessidade de pensar sobre elas. A partir daí, surge uma felicidade serena, seguida de uma profunda gratidão, e a certeza de que tudo está bem, de que tudo acontece como tem que acontecer. É uma espécie de aventura interior que está disponível para todas as pessoas, todos os dias.

Susan: A prece que faço regularmente é a oração feita por Jesus no monte das Oliveiras: "Seja feita a Vossa vontade, não a minha". Apenas isso. Quando rezo, sempre é uma prece de entrega total da minha vontade, pois é o apego à minha vontade que me mantém separada de Deus. Assim, para mim, a oração mais simples e mais profunda permanece sendo esta: "Que seja feita a Vossa vontade, não a minha".

O QUE É UMA PESSOA VIRTUOSA?

Susan: A coisa que nós dois mais valorizamos é a honestidade da pessoa consigo mesma e com os outros. E a honestidade verdadeira tem um componente amoroso. Ela não olha de cima para ninguém. É uma honestidade carregada de humildade e compaixão.

Donovan: Uma humildade que inclui uma total falta de preocupação com o que a virtude seja ou deixe de ser, pois, em geral, essa é uma palavra que implica uma espécie de norma a ser seguida. Em vez de um mandamento externo, é preciso chegar ao coração, viver a partir da consciência que habita o **coração**.

Nos demais, todo
mundo sabe
O coração tem
moradia certa:
fica aqui, bem no
meio do peito!
Mas comigo
a anatomia
ficou louca
Pois sou todo,
todo, todo, mas
todo coração!
(Vladimir Maiakovski, poeta russo)

ATÉ HOJE, QUAL FOI O SEU MAIOR APRENDIZADO NA VIDA?

Donovan: A coisa mais importante que aprendi é que é fundamental eu descartar tudo o que, porventura, eu tenha aprendido, para chegar a um estado de vazio completo. E, então, compreender que posso estar aberto para ser preenchido pelo divino, mesmo não sabendo nada sobre isso.

Susan: Meu maior aprendizado na vida foi este: relaxar e confiar. Relaxar e confiar que o amor, que Deus está no comando de tudo. Relaxe e confie – esse talvez seja o mantra que mais uso. Aliás, gosto muito mais da palavra "relaxe", em português, do que o *relax*, em inglês. *Relax* é uma palavra muito dura. Em português, é mais bonito: "Relaaaxe" – as pessoas falam esticando as vogais. Eu uso bastante essa palavra, como um lembrete: "Está tudo bem". Quando fico tensa, ansiosa, simplesmente digo para mim mesma: Relaaaxe...

MESA-REDONDA

Leonard Orr pergunta:

"GOSTARIA DE SABER COMO VOCÊS ESTÃO HOJE, COMO UM CASAL."

Donovan e Susan: Nós nunca nos amamos tanto quanto agora, compreendendo que somos duas faces de um mesmo ser; ambos despertos para a realidade última, cada um da sua maneira.

PARA SE CONHECER

Site:
www.beingandawakening.org
Livros:
Entrega ao Deus interior, de Eva Pierrakos e Donovan Thesenga (Cultrix)
O eu sem defesas, de Susan Thesenga (Cultrix)

SATISH KUMAR

O PEREGRINO DE GAIA

Na jornada rumo ao mosteiro onde viviam nas montanhas, dois monges encontraram uma linda jovem à beira de um rio. Assim que os viu, ela pediu ajuda para atravessar. Um deles hesitou, mas o outro logo se aproximou e, erguendo-a nos braços, carregou a moça sobre as águas, deixando-a na outra margem. Os dois monges então seguiram seu caminho, mas o mais novo estava indignado, pois as regras monásticas proibiam o contato com mulheres. Ele pensava: "É um absurdo! Ele não podia ter feito isso...". Após horas de caminhada, em que os julgamentos não cessaram em sua mente, ele não se conteve mais e disse: "Nós somos proibidos de tocar numa mulher, ainda mais no caso de uma jovem tão linda. Você não podia tê-la carregado!". E o outro monge, calmamente, respondeu: "Meu irmão, eu só ajudei uma pessoa a atravessar o rio e a deixei na margem. Quem está carregando a moça até agora é você...".

Uma resposta que, se tivesse cruzado com os andarilhos acima numa das várias peregrinações que fez, o ecologista indiano Satish Kumar certamente teria gostado de ouvir. Ex-monge jainista – tradição ascética hindu baseada na ideia da não violência –, ele largou a vida monástica inspirado pelas propostas de reforma social de Mahatma Gandhi. No início dos anos de 1960, então, ele e um amigo resolveram se manifestar pela paz mundial por meio de uma caminhada de mais de 12 mil quilômetros pelo planeta. Ao longo de dois anos e meio, eles cruzaram a Ásia e a Europa até chegarem aos Estados Unidos, levando, a pé, sua mensagem de pacifismo e desarmamento nuclear.

Em 1973, Satish passou a viver na Inglaterra, onde assumiu o posto de editor da revista ecológica *Resurgence*, tornando-se um dos grandes nomes da ecologia e da espiritualidade no país. Aos 80 anos, e com cinco livros publicados, também atua junto a instituições como o Schumacher College, um centro de ensino de sustentabilidade que conta com colaboradores como o físico Fritjof Capra, que já disse: “Satish Kumar é o sábio do movimento da ecologia profunda”. Uma ecologia que rima com o espírito. Como afirma Satish: “Se um dia quisermos obter paz interior e a paz entre as pessoas, temos primeiro que fazer as pazes com a natureza. A vida é uma jornada sagrada que trilhamos sob as bênçãos de Gaia, a Mãe Terra, o lar divino que exige nossa total reverência e gratidão”.

GOSTARIA DE INICIAR NOSSA PEREGRINAÇÃO FALANDO JUSTAMENTE DA IMPORTÂNCIA DO ATO DE CAMINHAR, UMA ATIVIDADE QUE, A CADA

DIA, MAIS E MAIS PESSOAS VÃO ABANDONANDO. TEM GENTE QUE USA O CARRO ATÉ PARA IR À PADARIA DA ESQUINA...

Sim, nossa vida se tornou muito dependente dos carros, até mesmo para percorrer pequenas distâncias. Vivemos como se não tivéssemos pernas. E o resultado de todo esse sedentarismo é que, a cada dia, as pessoas estão mais obesas, doentes e sem energia. Na verdade, andar a pé não é importante apenas para a saúde física, mas é fundamental também para a saúde mental e espiritual. Quando estamos num carro, num ônibus ou num avião, ficamos desligados da natureza ao redor. Já ao caminhar, ficamos completamente mergulhados na natureza, em meio às árvores, às flores, aos pássaros, nós nos conectamos com toda a vida à nossa volta. Somente ao caminhar podemos ter essa experiência íntima de conexão com a natureza, o que, em si, é uma vivência profundamente mística.

Nesse sentido, se quisermos ter uma vida mais espiritualizada e saudável, temos que aumentar nosso tempo de caminhadas, reduzindo o uso dos meios de transporte, a maioria deles bastante poluentes. Em minha vida, o ato de **caminhar** tem sido a maior fonte de inspiração e sanidade. Não à toa, quando eu e um amigo decidimos nos manifestar pela paz mundial na década de 1960, fizemos isso a pé, numa caminhada de mais de 12 mil quilômetros pelo planeta.

Caminhante, são tuas pegadas
O caminho e nada mais;
Caminhante, não há caminho,
O caminho se faz ao caminhar.
(Antonio Machado, poeta espanhol)

NO CASO DESSA CAMINHADA PELA PAZ, VOCÊS AINDA RESOLVERAM FAZER TODA A JORNADA SEM LEVAR NENHUM DINHEIRO OU COMIDA. POR QUÊ?

Porque, quando se caminha sem dinheiro nem comida, você tem que ter muita confiança em seu coração. Você tem que confiar em si, nas pessoas, no mundo; você tem que confiar na vida. Nosso pensamento foi o de que não adiantava fazer uma caminhada em prol do desarmamento nuclear, em prol da paz mundial, se, ao mesmo tempo, não estivéssemos fazendo uma defesa da paz entre as pessoas e da paz interior. E uma das bases para se construir a paz é a confiança. Assim, ao caminhar sem dinheiro nem comida, é como se disséssemos para a vida e para cada pessoa que encontrávamos no caminho: "Eu confio em você". E as pessoas sempre nos deram abrigo e comida. Mesmo se algum dia não nos davam comida, eu pensava: "Esta é a minha oportunidade para jejuar um pouco". E se, por acaso, não recebíamos abrigo, eu pensava: "Que bom, esta é a minha oportunidade para dormir sob as estrelas".

ALÉM DE CAMINHAR, OUTRO HÁBITO SIMPLES DEFENDIDO PELO SENHOR É O DE A PESSOA FAZER O SEU PRÓPRIO PÃO. COMO É ISSO?

O pão é um símbolo profundo de toda a nossa existência, é um microcosmo do macrocosmo. No pão está o sol, pois sem o sol não há vida; nele está a chuva, pois sem a chuva nada pode crescer; no pão está o solo onde cresce o grão, o agricultor que o cultiva, e por aí vai. Ao tocar a massa do pão, você está em contato com todo o universo. Você adquire consciência de que, sem aquele pão, sem tudo o que contribui para a existência daquele alimento, você mesmo não poderia existir. O pão em nossas mãos é um grande mestre a nos lembrar da inter-relação e da interdependência entre todos os seres. E ele também é um excelente mestre de meditação. Afinal, o que é meditação? Meditar é simplesmente prestar atenção. E, com o pão no forno, sua atenção tem que estar ali, senão ele vai ficar cru ou vai assar demais. Assim, o simples ato de fazer um pão gostoso corresponde a desenvolver um estado pleno de atenção e consciência.

Depois que retira o pão do forno, ainda se aprende a colocar em prática um princípio espiritual profundo, que é o do compartilhar. Porque é a hora em que você chama sua família, seus amigos e seus vizinhos, para todos se sentarem à mesa para partilhar o pão. Não foi à toa que, na última ceia, Cristo deu o **pão** a seus discípulos como símbolo de seu próprio corpo.

Pão é amor entre estranhos. (Clarice Lispector)

OU SEJA, EM VEZ DE PEDIR OU COMPRAR, FAÇAMOS NÓS MESMOS O PÃOZINHO NOSSO DE CADA DIA?

Certamente. Isto é algo que eu sempre digo: seja qual for a sua profissão, se você é professor, médico ou empresário, não importa o que você faça, ou o quanto esteja ocupado, nunca se desconecte do ato de assar seu próprio pão. Se você não consegue arranjar tempo para assar o próprio pão, é porque não tem tempo para viver; é um sinal de que há alguma coisa errada na forma como você leva a sua vida.

EM RELAÇÃO À ALIMENTAÇÃO EM GERAL, O SENHOR CHEGA A DIZER QUE A SOLUÇÃO PARA TODOS OS NOSSOS PROBLEMAS ESTÁ BEM DIANTE DE NÓS, NO NOSSO PRATO. PODE FALAR SOBRE ISSO?

A comida é mais do que um mero combustível para o corpo físico; ela é uma fonte de alimento social, cultural e espiritual. A escolha do alimento que colocamos em nosso prato, no fundo, é um reflexo da escolha do nosso próprio modo de viver. E, hoje, vivemos numa sociedade em que as refeições são feitas em frente à TV ou são engolidas às pressas em redes de *fast-food*. É preciso resgatar o hábito de cozinhar o próprio alimento, de partilhar as nossas refeições juntos. Cozinhar é uma arte não só para o paladar, mas para a alma. Nos próprios textos sagrados dos *Upanishades* se diz que a vida só existe porque existe comida. No alimento está a condição essencial de toda a existência. Como disse o poeta **Kabir**: "Não é possível louvar a Deus com o estômago vazio". Isso, claro, não significa que você tem que se empanturrar de comida. Sempre devemos comer um pouco menos do que a nossa capacidade, de modo que, quando terminamos nossa refeição, ainda nos sentimos leves.

Poeta místico reverenciado por sufis e hindus.

E ONDE ENTRA O VEGETARIANISMO NESSE CONTEXTO?

O vegetarianismo não é apenas uma opção alimentar, ele é uma filosofia holística e essencialmente não violenta, em que você não causa sofrimento a nenhum ser para poder se alimentar. Na verdade, com o aumento da população mundial e a crescente ameaça das alterações climáticas, a alimentação vegetariana é um imperativo ecológico. Já está provado que o consumo de carne – com todas as implicações envolvidas no processo, como o desmatamento intensivo para se obter pasto para o gado – é uma das causas da mudança climática que está gerando efeitos como o derretimento das calotas polares e as inundações.

Além disso, é preciso ficar claro que os seres humanos não têm necessidade de carne. Uma dieta vegetariana é suficientemente saudável. Tenho mais de 70 anos e não sinto a menor falta de energia. Esta história de que, se não comer carne, você vai ficar sem proteínas é um dos mitos criados pelas empresas do agronegócio para garantir seus lucros. Um exemplo disso está na própria unidade que usamos para medir a potência das coisas: "cavalos de força" – e, como se sabe, cavalos não comem carne. A questão é você ir mudando seus hábitos alimentares gradualmente, reduzindo aos poucos o consumo de carne, em vez de tentar se tornar vegetariano de uma vez só. Se você come carne duas vezes ao dia, reduza para uma vez; se come uma vez por dia, diminua para duas ou três vezes por semana; e vá reduzindo gradativamente, enquanto substitui a carne por outros alimentos mais saudáveis.

O SENHOR FALOU DA NECESSIDADE DE MODERAÇÃO AO COMER, E ESSE É UM ASPECTO QUE, EM GERAL, O SENHOR FRISA BASTANTE, DA IMPORTÂNCIA DA MODERAÇÃO E DA SIMPLICIDADE COMO FORMA DE SE TER UMA VIDA PLENA. SERIA O FAMOSO DITADO "MENOS É MAIS"?

Certamente. Antes de adquirir novas posses, os jainistas sempre se perguntam: "Preciso realmente disso?". O lema jainista é este: "Simplicidade de meios, riqueza de objetivos". Qualquer aquisição material desnecessária constitui apenas um fardo, uma escravidão. Muitos dos nossos problemas são frutos apenas do nosso desejo de aparecer, de impressionar. Mas, em vez de lutar para acumular **bens** e atingir um alto padrão de vida, nos destacando aos olhos dos

A vida ou os bens:
o que é maior?
[...]
Aqueles que se apegam sofrerão;
Aqueles que acumulam sofrerão perdas;
Aqueles que sabem quando já têm o bastante não cairão em desgraça; [...]
Eles sempre serão bem-sucedidos.
(Lao-Tsé, filósofo e mestre taoísta chinês)

outros, o que precisamos buscar é qualidade de vida. Para isso, basta viver de forma simples. A simplicidade é parte da "sabedoria perene" defendida por pensadores, mestres e visionários ao longo de toda a história. A simplicidade exige menos *glamour* e mais imaginação, menos atenção à sua aparência e mais atenção à sua essência. O que eu chamo de "simplicidade elegante"; esse é o caminho para a vivência plena da espiritualidade.

O PROBLEMA É QUE, NA MAIORIA DAS VEZES, EM VEZ DE UMA SIMPLICIDADE ELEGANTE, OPTAMOS PELO CAMINHO DO CONSUMISMO ESBANJADOR...

Sim. Vivemos numa civilização extremamente não ecológica, baseada numa cultura do consumismo e do desperdício. As pessoas passam a vida comprando coisas de que não precisam, só para depois se desfazer de tudo, gerando uma quantidade inimaginável de lixo para o meio ambiente. O desperdício é uma das maldições da vida moderna. Todos os dias, milhões de toneladas de lixo são jogadas na natureza, numa pilha em que vão se acumulando televisores, computadores, celulares e toda sorte de utensílios que as pessoas não querem mais. Isso sem falar dos milhões de garrafas e sacolas plásticas que estão matando nossos rios e oceanos. Nesse sentido, coisas como evitar essa troca compulsiva de aparelhos eletrônicos ou reciclar o próprio lixo estão entre as atitudes mais valiosas que alguém pode ter hoje. Temos que fazer as pazes com o mundo natural, viver de forma mais simples, retirando da natureza somente o que for necessário, minimizando o quanto for possível o nosso impacto no meio ambiente.

ISSO ME LEMBRA DE UMA FRASE DE MAHATMA GANDHI: "A TERRA PODE SUPRIR TODAS AS NECESSIDADES DO HOMEM, MENOS A SUA GANÂNCIA".

Isso mesmo. Temos que aprender a viver de acordo com as nossas necessidades reais. A natureza é extremamente abundante. Se cuidarmos bem dela, nada irá faltar. A questão primordial é parar com toda a destruição e o desperdício. Um modo de vida sustentável não tem nada a ver com privação, com falta das coisas. A natureza provê o suficiente para que todos, sem exceção, possam levar uma vida boa, confortável, com alegria, aproveitando todos os dons da vida: a chuva, o sol, as frutas, as flores, a imaginação, a poesia, a dança, a música, enfim, toda a riqueza disponível para nós. Além de gratificante, uma vida sustentável é uma forma espiritualizada de nos colocarmos no mundo, pois somente a partir dela é que podemos estar em comunhão com o todo que nos cerca.

ESSA IDEIA SE INSERE NA PROPOSTA DO SENHOR DE QUE PASSEMOS A VIVER A PARTIR DE UMA NOVA TRINDADE, FORMADA POR "ALMA, SOLO E SOCIEDADE" [*SOUL, SOIL AND SOCIETY*]?

Sim, pois cuidar da alma, do solo e da sociedade são aspectos da mesma realidade espiritual. Por exemplo, o lema da Revolução Francesa, de "liberdade, igualdade e fraternidade", foi relevante para aquele momento, mas agora está desatualizado, pois não há nenhuma dimensão ecológica nele. Já a tríade da Nova Era, "mente, corpo e espírito", é muito egocêntrica, muito individualista, sem preocupação com a justiça social. No caso da trindade "alma, solo e sociedade", integramos todos os campos da existência, numa forma mais holística de ver o mundo: solo em respeito ao meio ambiente; alma em relação à dimensão espiritual; e sociedade no que se refere à justiça social para todos.

Agora, na base de tudo, está o solo. Em vez de nos vermos como donos da Terra, temos que compreender que nós pertencemos ao solo, ele é a fonte de nossa vida. A comunidade humana é só uma parte da grande comunidade da Terra. Em sânscrito não há uma palavra específica para Deus, pois o princípio divino está em toda parte; nas abelhas, nas árvores, nos rios, nas montanhas, nas minhocas, etc. – todo lugar e todo ser são sagrados. Quando compreendemos isso, entramos numa relação de reverência com a natureza. Passamos a viver com alma e num estado pleno de justiça social, pois reconhecemos que cada ser vivo tem um valor intrínseco e merece toda a nossa reverência.

LEMBRANDO NOSSO IMAGINÁRIO MAIS RECENTE, SERIA UM MODO DE SER SEMELHANTE AO DAS COMUNIDADES NATIVAS DO FILME *AVATAR*, EM QUE A NATUREZA, MAIS DO QUE CUIDADA, É REVERENCIADA?

Sim. *Avatar* é um destes raros filmes que, além de servir ao entretenimento, trazem mensagens profundas para a vida. E, nesse caso, a mensagem é clara: a natureza não está aí para ser saqueada ou explorada; ela está aí para ser valorizada e celebrada. É o que eu chamo de "ecologia reverente". Na verdade, fazer as pazes com a natureza é um pré-requisito indispensável para, um dia, podermos realizar a paz no mundo e dentro de nós mesmos. Porque, atualmente, nós tratamos a natureza como se estivéssemos em guerra com ela: maltratamos os animais em fazendas industriais, envenenamos o solo e os rios com produtos químicos, destruímos as florestas, etc. Toda essa crueldade em relação à natureza é um reflexo de nossa crueldade em relação ao próximo e, em última instância, a nós mesmos.

O caminho para a felicidade é desenvolver um sentimento de reverência, amor e gratidão em relação à Terra, enxergando toda forma de vida como algo único e sagrado. É uma consciência repleta de humildade, que nos permite dar conta de nossa total interdependência com Gaia, com a Mãe Terra. A humanidade tem que aprender a ser **humilde**. E não há mestra melhor do que a própria natureza.

Não aceito ser humilde por razões táticas. Sou humilde porque sou incompleto. Só por isso.
(Paulo Freire, educador e filósofo pernambucano)

QUE TIPO DE LIÇÕES SE PODE APRENDER COM A NATUREZA?

As lições são inumeráveis. O próprio Buda disse que a natureza é um mestre muito maior do que qualquer professor humano. Por exemplo, quando alguém lhe perguntou onde ele havia aprendido sobre o perdão, Buda simplesmente tocou a terra e disse ter sido ela a sua mestra, mostrando que, apesar de tudo o que fazemos com ela – nós a escavamos, a aramos, pisamos sobre ela, etc. –, apesar de tudo isso, a terra, compassivamente, só nos dá alimento em troca; nós plantamos uma semente de maçã e, ano após ano, temos milhares de maçãs como retorno. Essa generosidade, essa compaixão e esse perdão são todos aprendizados que Buda recebeu da terra.

A própria iluminação de Buda se deu quando, sentado sob uma árvore, ele compreendeu a interdependência entre todos os seres: os frutos vêm das flores; as flores dos galhos; os galhos do tronco; o tronco se liga à terra, que é alimentada pela chuva, que desce das nuvens, que são formadas no mar, que recebe as águas dos rios, que são sustentados pela terra, e assim por diante, numa total interdependência entre tudo o que existe.

ENTÃO, O CAMINHO PARA A ILUMINAÇÃO ESTÁ NO MUNDO NATURAL?

Sem dúvida. A maioria das pessoas se sente distante da iluminação espiritual simplesmente pelo fato de não estar em contato com a natureza, por nunca se sentar sob uma árvore, como o próprio Buda fez. Se você quer ter um despertar espiritual, tem que ir para a natureza, fazer caminhadas, sentar-se sob as árvores, estar num estado meditativo com o mundo natural, incorporando as infinitas lições que se tem a aprender com a **natureza**. Repare num rio, por exemplo. Ele não pergunta, não faz distinção, ele simplesmente oferece sua água a quem tem sede: aos pássaros, às plantas, aos homens, a todos os seres vivos. Ele não se preocupa em beber a própria água, ele a oferece a quem tem sede. Da mesma forma, precisamos aprender que nossas ações não devem ser para nosso benefício próprio; elas devem servir para nutrir e ajudar todos os outros seres vivos, sejam eles humanos, animais ou vegetais. Quando pudermos viver como um rio, fluindo em doação desinteressada, aí estaremos espiritualmente despertos.

Tive a sorte de crescer na natureza. Lá [...] Aprendi sobre a sagrada arte da autodecoração com borboletas pousadas no alto da minha cabeça. [...] As lagartas cabeludas que caíam de seus galhos e voltavam a subir, arrastando-se, me ensinaram a determinação. (Trecho de *Mulheres que correm com os lobos*, da escritora americana Clarissa Pinkola Estés)

Ou, quem sabe, quando pudermos viver como as abelhas. Elas coletam um pouco de néctar aqui, um pouco ali, mas nunca pegam demais. Jamais uma flor se queixou que uma abelha tenha tomado mais néctar do que devia; pelo contrário. As flores são gratas às abelhas, pelo seu papel na polinização. E, depois que a abelha pega seu néctar, ela não desperdiça nada; ela transforma tudo em mel. Se aprendermos essa lição de simplicidade, aprenderemos a arte de viver. Não haverá falta, desperdício ou poluição; apenas abundância, por toda a parte. A natureza não conhece a escassez, pois não conhece o desperdício. Enfim, as lições que podemos **aprender** com o mundo natural são infinitas e valiosíssimas.

Escuta um homem de experiência: aprenderás mais nas florestas do que nos livros. As árvores e as pedras te ensinarão mais do que poderás aprender da boca de um professor. (São Bernardo, conforme citado no livro *A filosofia perene*, de Aldous Huxley)

ENTRETANTO, APESAR DE TODO ESSE APRENDIZADO QUE SE PODE TER COM O MUNDO QUE NOS CERCA, NÓS AINDA SOMOS MESTRES EM PRATICAR A VIOLÊNCIA CONTRA OUTROS SERES, SEJA ELA FÍSICA, VERBAL OU PSICOLÓGICA. ALGO QUE VAI CONTRA UM DOS PRINCIPAIS ENSINAMENTOS DA TRADIÇÃO DO JAINISMO, QUE É O DA NÃO VIOLÊNCIA EM QUALQUER NÍVEL. O SENHOR PODE FALAR SOBRE ISSO?

Nós somos violentos porque desejamos controlar os outros. É como se tudo existisse em função de nós. O modo como tratamos os animais, por exemplo, revela a nossa total falta de civilização. Vacas, porcos e galinhas são criados como prisioneiros em fazendas industrializadas, sob condições indescritivelmente cruéis, e tudo para servir de alimento para a nossa ignorância. A raiz disso tudo é uma violência da mente, que, por sua vez, leva à violência na ação ou na **fala**. Por isso a tradição do jainismo coloca a não violência como o princípio espiritual supremo: não praticar a violência contra outros seres humanos, os animais, a natureza ou a si mesmo significa viver num estado de plena comunhão com tudo o que nos cerca. Nós só amamos de verdade quando o

Diga a verdade, mas diga-a com amabilidade; se você não puder dizê-la com amabilidade, então fique em silêncio até aprender a arte da comunicação. (Mahâvira, mestre espiritual indiano reverenciado na tradição jainista)

nosso amor inclui o amor e a reverência às pessoas, aos **animais**, às plantas e a todas as outras formas de vida.

Se quiser aprender a amar, comece pelos animais; eles são mais sensíveis. (G. I. Gurdjieff, místico nascido na Armênia)

NESSE SENTIDO, O ESCRITOR INDO-AMERICANO DEEPAK CHOPRA, AUTOR DO PREFÁCIO DE UM DOS LIVROS DO SENHOR, INDICA UM EXERCÍCIO QUE ACHO BEM INTERESSANTE: SEMPRE QUE OLHARMOS NOS OLHOS DE OUTRA PESSOA, DEVEMOS DIZER INTERNAMENTE **"NAMASTÊ"** A ESSA PESSOA; SERIA UMA FORMA DE NOS LEMBRARMOS, A TODO INSTANTE, DE QUE O SAGRADO ESTÁ EM TUDO E EM TODOS.

Saudação de origem sânscrita que pode ser traduzida por: "A divindade que existe em mim saúda a divindade que existe em você".

Sim, o grande trabalho que temos em nossas mãos não é apenas descobrir a nossa própria espiritualidade, mas também reconhecer a espiritualidade do outro. A vida só existe através do dom do outro. A existência é uma rede intrincada de relacionamentos, em que todos nós compartilhamos o mesmo dom da vida. Não interessa se falamos de seres humanos, animais ou árvores, todos somos mantidos pelo mesmo sol, pelo mesmo ar, pela mesma água, pela mesma terra. Todas as coisas vivas, sem exceção, dependem umas das outras. Um dos ditados mais fundamentais em sânscrito é este: *So Hum* – que pode ser traduzido por "Você é, portanto eu sou". Essa frase se tornou o meu mantra das relações não dualistas e não fragmentadas, das relações baseadas na consciência de que cada um de nós só existe por causa da existência do outro.

AGORA QUE ESTAMOS NOS APROXIMANDO DO FIM DE NOSSA JORNADA, QUAL É A DIFERENÇA ENTRE SER UM PEREGRINO OU SER APENAS UM TURISTA NA TERRA?

Estas são duas formas antagônicas de se relacionar com o planeta. Um turista valoriza a Terra e as riquezas naturais apenas pela utilidade que essas "coisas" têm para ele. Já um peregrino compreende que o planeta é um espaço sagrado, reconhecendo o valor intrínseco de todas as formas de vida, às quais saúda com reverência e gratidão. Os povos indígenas sempre viveram como peregrinos, pois a Terra é o seu templo. São Francisco também foi um peregrino. Os pássaros e todas as criaturas eram seus parentes; o sol e o fogo eram seus irmãos; a lua, as estrelas e as águas eram suas irmãs. Para os hindus é a mesma coisa. Eles consideram que toda a vida está impregnada com o divino, desde uma folha de grama até os mais altos picos dos Himalaias. Na verdade, estar em uma peregrinação não significa necessariamente viajar de um lugar para outro – significa viver num estado de espírito e de consciência repleto de gratidão, em que enxergamos a vida como uma jornada sagrada e reverenciamos a Terra como o nosso sagrado lar.

MELHOR DE TRÊS

O FILÓSOFO FRIEDRICH NIETZSCHE DIZIA QUE UMA ESPÉCIE DE ORAÇÃO DE CADA PESSOA AO INICIAR O DIA DEVERIA SER UM PENSAMENTO DO TIPO "HOJE VOU DAR ALEGRIA A ALGUÉM". EM SUA OPINIÃO, QUAL DEVE SER A ORAÇÃO DE CADA PESSOA PARA COMEÇAR O DIA?

Eu começo todos os meus dias com esta oração: "Paz, paz, paz. Que todos os seres da Terra, humanos e não humanos, possam viver em paz e encontrar satisfação e autorrealização; que possamos buscar a verdade, o amor, a compaixão, a união, a beleza e a generosidade em nossas vidas; e que possamos oferecer os nossos pensamentos, palavras e ações para o bem-estar de todos, para o bem-estar de todos, para o bem-estar de todos".

Quem alcançou em alguma medida a liberdade da razão não pode se sentir mais que um andarilho sobre a Terra – e não um viajante que se dirige a uma meta final: pois esta não existe. Mas ele observará e terá olhos abertos para tudo quanto realmente sucede no mundo [...] quando mais tarde [...] em quieto passeio entre as árvores, das copas e das folhagens lhe cairão somente coisas boas e claras, presentes daqueles espíritos livres que estão em casa na montanha, na floresta [...] e que, como ele [...] são andarilhos e filósofos. (Friedrich Nietzsche)

O QUE É UMA PESSOA VIRTUOSA?

Uma pessoa virtuosa é aquela que age apenas para servir e ajudar aos outros, sem ter nenhum sentimento de orgulho ou esperar alguma coisa em troca, como reconhecimento, elogios ou consideração. Uma pessoa virtuosa é como um rio, que sacia a sede de todos os seres e não espera qualquer agradecimento em troca, pois o rio sabe que esse é o único caminho para que possa cumprir a sua virtude.

ATÉ HOJE, QUAL FOI O SEU MAIOR APRENDIZADO NA VIDA?

A coisa mais importante que aprendi na vida é que Deus não está separado do mundo, em algum lugar no céu ou no paraíso. Deus está presente em tudo o que existe. Cada ser vivo, seja ele um mosquito, uma minhoca ou o mais minúsculo dos seres, tudo no mundo é sagrado. Portanto, todas as coisas pedem a nossa reverência e gratidão. Gratidão pela minhoca trabalhando para manter o solo fértil, gratidão pelas **folhagens** das árvores, pelo rio que flui, etc. É preciso ter reverência e gratidão a tudo e a todos os seres, animados ou inanimados, pois toda vida é sagrada. Essa é a maior lição que aprendi.

MESA-REDONDA

Jean-Yves Leloup pergunta:

"CARO SATISH, GOSTARIA DE SABER COMO O SENHOR ESTÁ HOJE?"

Hoje eu me vejo como uma parte integral do universo, um microcosmo do macrocosmo. Eu sou feito de terra, ar, fogo, água, espaço, tempo, consciência e muito mais. O sol, a lua e as estrelas estão lá, eles existem, portanto eu existo. Minha identidade como Satish, como indiano, como jainista ou como editor da revista *Resurgence*, todas essas são identidades secundárias. Minha identidade primordial é a de um ser cósmico, um ser humano e um cidadão do mundo. Isso é algo que me faz sentir muito bem. Eu posso celebrar as galáxias enquanto celebro a mim mesmo e a tudo que me cerca. Não tenho reclamações a fazer, não tenho pesos a carregar; sou simplesmente um amante do universo e de tudo o que existe nele, não um juiz das coisas. Estou muito feliz por ser parte desse grande mistério.

PARA SE CONHECER

Sites:
www.resurgence.org/satish-kumar
www.escolaschumacherbrasil.com.br
Livros:
Bússola espiritual – as três qualidades de vida segundo o Bhagavad Gita, de Satish Kumar (Pensamento)
Earth pilgrim, de Satish Kumar (Green Books; em inglês)

MESA-REDONDA

Amit Goswami pergunta:

LAMA SURYA DAS, DENTRO DA NOVA VISÃO DE MUNDO QUE ESTÁ EMERGINDO COM A FÍSICA QUÂNTICA, QUAL ASPECTO DO BUDISMO TIBETANO O SENHOR GOSTARIA QUE A CIÊNCIA ABORDASSE E BUSCASSE ELUCIDAR A PARTIR DE UM PONTO DE VISTA QUÂNTICO?

Lama Surya Das responde:

Prezado Amit, agradeço pela gentileza de sua pergunta. Penso que um aspecto que gostaria de ver analisado pela física quântica seria o grande mistério de *sunyata*, uma palavra que pode ser traduzida, mesmo que imperfeitamente, por "vazio" – o vazio que constitui a realidade última, o vazio da não diferenciação, de onde tudo surge. Esse é um ponto central do budismo tibetano, e seria muito interessante saber como os físicos quânticos articulam esse mistério de *sunyata*, de modo que possamos compreender melhor essa natureza intangível e, ao mesmo tempo, tão vívida da realidade, de algo que vai muito além do dualismo entre o real e o irreal.

Lama Surya Das pergunta:

DOM LAURENCE, GOSTARIA DE LHE ENVIAR MINHAS SAUDAÇÕES, POIS ADMIRO O SEU TRABALHO. HUMILDEMENTE, PERGUNTO-LHE: COMO POSSO CONTRIBUIR PARA ABRIR UMA FENDA NO MURO QUE SEPARA AS PESSOAS DE SI MESMAS NO MUNDO DE HOJE? COMO POSSO AJUDAR A ALCANÇAR ESTA ESPIRITUALIDADE GLOBAL, INDEPENDENTEMENTE DE CRENÇAS, QUE É SÁBIA O SUFICIENTE PARA TRAZER MAIS PAZ PARA TODOS NO PLANETA, TANTO INTERIOR QUANTO EXTERIORMENTE?

Dom Laurence Freeman responde:

Lama Surya Das, receba também as minhas saudações e admiração. Sua pergunta é uma pergunta essencial, que me faço todos os dias. E sinto que a resposta a que cheguei é esta: a cada dia, temos que procurar rebalancear a nossa própria prática pessoal, a nossa quietude, com o trabalho de comunicação e ensino. Achar esse equilíbrio é um desafio constante, sobretudo para quem está sempre viajando. Mas não há nenhuma fórmula, é algo que temos de continuamente redefinir, reavaliar, e sempre reconhecer o perigo de podermos estar falando demais, até mesmo sobre coisas boas. É um desafio diário, contínuo, de sabedoria.

Dom Laurence Freeman pergunta:

DE QUE FORMA NÓS PODEMOS COMUNICAR A IMPORTÂNCIA DO SILÊNCIO POR MEIO DE PALAVRAS, POR MEIO DO PENSAMENTO?

Jean-Yves Leloup responde:

Se eu digo que conheço Deus, eu sou um mentiroso.
Se eu digo que não conheço Deus, eu sou um mentiroso.
O que fazer?
Eu não posso falar, eu não posso me calar!
Permanece o símbolo ou o poema, uma palavra que não toma o lugar do silêncio, mas que o evoca ou o conclama...
"Tudo aquilo que pode ser ensinado não vale a pena ser aprendido"; uma boa nova não se ensina, ela deve ser cantada; ela não é para ser aprendida, ela deve ser meditada.
Nossas palavras valem apenas pelo silêncio de onde elas vêm e para onde elas conduzem; elas não apagam, através de respostas, "a brasa" de uma questão "que ainda está queimando", elas sopram sobre as brasas...
"Não se preocupem com aquilo que irão dizer..." É o Espírito Santo que dá às palavras seu alento de silêncio e de vida...

Jean-Yves Leloup pergunta:

CARO SATISH, GOSTARIA DE SABER COMO O SENHOR ESTÁ HOJE?

Satish Kumar responde:

Hoje eu me vejo como uma parte integral do universo, um microcosmo do macrocosmo. Eu sou feito de terra, ar, fogo, água, espaço, tempo, consciência e muito mais. O sol, a lua e as estrelas estão lá, eles existem, portanto eu existo. Minha identidade como Satish, como indiano, como jainista ou como editor da revista *Resurgence*, todas essas são identidades secundárias. Minha identidade primordial é a de um ser cósmico, um ser humano e um cidadão do mundo. Isso é algo que me faz sentir muito bem. Eu posso celebrar as galáxias enquanto celebro a mim mesmo e a tudo que me cerca. Não tenho reclamações a fazer, não tenho pesos a carregar; sou simplesmente um amante do universo e de tudo o que existe nele, não um juiz das coisas. Estou muito feliz por ser parte desse grande mistério.

Satish Kumar pergunta:

QUAL É O PAPEL OCUPADO PELO REINO ANIMAL DENTRO DA TRADIÇÃO JUDAICA? O QUE O JUDAÍSMO TEM A DIZER SOBRE A VIDA DOS ANIMAIS?

Yehuda Berg responde:

A visão judaica a respeito dos animais pode ser ilustrada com uma história envolvendo o rabino Isaac Luria (o Ari), considerado um dos maiores cabalistas de todos os tempos. Famoso por sua capacidade de ver muito além dos cinco sentidos, ele transmitia seus ensinamentos apenas a um grupo de sábios alunos escolhidos a dedo por ele. Certo dia, no meio de uma aula, o Ari virou-se repentinamente para um aluno e exigiu que ele saísse da sala na hora. O aluno, claro, quis saber o motivo. E o Ari disse que não poderia estar na mesma sala que ele, pois a conexão do discípulo com o Reino Divino estava bloqueada. Chocado e em prantos, o aluno então implorou que o mestre explicasse como tinha perdido sua conexão com Deus. E a resposta foi clara: havia três galinhas na casa do aluno, e já fazia três dias que os pobres animais não eram alimentados. A dor das galinhas era tão grande que, por causa disso, a conexão do aluno com o Reino Divino tinha sido bloqueada.

Em seguida, o Ari explicou que não importava o quão inteligente ou grande cabalista o aluno pudesse ser. Se uma pessoa não podia mostrar compaixão e cuidado em relação às criaturas de Deus, certamente também não poderia permanecer ligado a Ele. Depois de mandar o estudante ir para casa alimentar as galinhas, o Ari ainda o advertiu para que nunca mais se esquecesse de alimentar a sua criação todas as manhãs, pois essa era a sua responsabilidade, já que os animais não têm como pedir comida ou água quando têm necessidade. Enfim, essa história lança uma luz profunda sobre a importância de se cuidar de todos os seres vivos e sobre a nossa absoluta responsabilidade por toda a dor que possamos estar causando no mundo.

Yehuda Berg pergunta:

QUAL FOI O PONTO MAIS ALTO QUE O SENHOR JÁ ATINGIU AO PRATICAR O RENASCIMENTO? QUAL FOI A SUA EXPERIÊNCIA PESSOAL MAIS PROFUNDA?

Leonard Orr responde:

O ponto mais alto que se pode atingir é o estado transcendental, mas isso é algo que, de certa forma, se torna comum para quem realmente adquiriu a maestria da respiração consciente, em que a energia divina flui pelo corpo. Qualquer pessoa com domínio da técnica pode entrar no estado transcendental em 30 segundos e permanecer nesse estado pelo tempo que quiser. A grande verdade é esta: tudo o que existe é energia, pensamento e forma. Nós podemos manter o estado transcendental durante todo o dia, pois a vida é uma contínua comunhão com Deus.

Leonard Orr pergunta:

GOSTARIA DE SABER COMO VOCÊS ESTÃO HOJE, COMO UM CASAL.

Donovan e Susan Thesenga respondem:

Nós nunca nos amamos tanto quanto agora; compreendendo que somos duas faces de um mesmo ser; ambos despertos para a realidade última, cada um da sua maneira.

Donovan e Susan Thesenga perguntam:

A EXPERIÊNCIA DO DESPERTAR ESPIRITUAL MOSTRA QUE TUDO É UM. PORÉM, HÁ UM NÍVEL DE VERDADE AINDA MAIS PROFUNDO, QUE APONTA PARA O VAZIO QUE RESIDE NO INTERIOR DO UM. ESTE É O NÍVEL QUE BUDA CHAMOU DE "O VAZIO", E QUE TALVEZ TAMBÉM POSSAMOS NOMEAR COMO "NIRGUNABRAHMAN". O SENHOR JÁ EXPERIENCIOU PESSOALMENTE ESSE NÍVEL? SE SIM, COMO ISSO MUDOU A SUA MANEIRA DE LEVAR A VIDA?

Amit Goswami responde:

Nós nunca experimentamos a consciência sem a divisão de suas possibilidades. Qualquer experiência, por definição, envolve uma cisão sujeito-objeto. Nesse sentido, o estado que chamamos de *savikalpa samadhi* é o ponto mais profundo que podemos atingir no nível pessoal da experiência, quando vemos claramente que somos filhos de Deus. Porém, a sabedoria oriental também se refere a outro tipo de estado chamado *nirvikalpa samadhi* – *nirvikalpa* significa "sem cisão", sem separação sujeito-objeto. *Nirvikalpa samadhi* é uma espécie de estado inconsciente de consciência, que contém em si todas as possibilidades. E esse estado não pode ser experienciado pela personalidade. Quando alguém se entrega totalmente ao Um, esse estado surge de forma natural, como se fosse uma espécie de sono profundo, só que mais profundo ainda.

Ao falar sobre isso, o sábio e místico indiano Swami Sivananda diz que, na forma mais profunda de *nirvikalpa samadhi*, "o mundo desaparece de vista, e o *jnani* (pessoa sábia) repousa sobre o *Brahman* puro e sem atributos". Esse tipo de estado a que Sivananda se refere é chamado *turiya*. Nesse estado de vacuidade, sem atributos, não há mais alguma "coisa" a se manifestar; todos os desejos de manifestação se foram. Usando a linguagem de Buda, isso é *nirvana*.

Stanislav Grof pergunta:

COMO A ASTROLOGIA EXPLICA O FATO DE QUE PESSOAS NASCIDAS NA MESMA HORA E NO MESMO LUGAR POSSAM TER PERSONALIDADES TÃO DIFERENTES UMAS DAS OUTRAS, SE MANIFESTANDO DE FORMA TOTALMENTE DIFERENTE NA VIDA?

Susan Miller responde:

A astrologia é baseada em cálculos matemáticos; assim, cada pequena diferença de grau conta. Nesse sentido, apesar de parecer que pessoas nascidas na mesma hora e no mesmo lugar têm o mesmo mapa astral, isso é matematicamente impossível. Pois até dois irmãos gêmeos vão nascer com alguns minutos de diferença, o que já é suficiente para mudar o mapa. Cada um de nós tem um mapa completamente único, que nunca vai se repetir, seja no tempo de Cleópatra, seja daqui a 10 mil anos.

As diferenças de personalidade podem ser explicadas por vários fatores, como pela grande influência das casas no mapa. Por exemplo, no caso de dois irmãos gêmeos, pode ser que ambos tenham muitos planetas posicionados na nona casa – essa é a casa que, entre outras coisas, rege o âmbito da educação, de assimilar e transmitir informações, assim como governa o canal das viagens. Então, enquanto um dos gêmeos pode acabar se tornando um acadêmico, o outro pode se voltar para algo que envolva viagens ao exterior, como um negócio de importação e exportação. As possibilidades de manifestação da personalidade são infinitas. Como eu disse, ninguém nunca terá o mesmo mapa de outra pessoa. Isso significa que você tem que cantar a sua própria canção, e não alguma canção que seus pais, seu cônjuge ou a sociedade lhe dizem para cantar. Cada um de nós deve contribuir para o mundo com seus próprios talentos, pois ninguém mais, além de nós, pode fazer isso. É o que está em seu próprio coração – essa é a música que você deve cantar.

Susan Miller pergunta:

NOS ÚLTIMOS TEMPOS, TEMOS ASSISTIDO A UMA GRANDE TURBULÊNCIA NO MUNDO ÁRABE, EM TODA A REGIÃO DO NORTE DA ÁFRICA E DO ORIENTE MÉDIO. NESSE SENTIDO, HÁ ALGUM MITO QUE POSSA RETRATAR OS ACONTECIMENTOS QUE ESTAMOS VIVENDO AGORA? COMO ENTENDER O SIGNIFICADO DESSES EVENTOS EM TERMOS MITOLÓGICOS?

Robert Walter responde:

Na verdade, não há como responder à primeira pergunta, pois a situação na região é tão complexa e multivariada – envolvendo desde questões econômicas e políticas até étnicas e tribais –, que é impossível falar em termos de um mito. No caso da segunda pergunta, de como compreender o significado desses eventos em termos mitológicos, aí sim temos uma abordagem possível, pois o que se vê agora são enormes confrontos entre perspectivas mitológicas. Por exemplo, um dos elementos em jogo ali é que, em toda a região, há uma enorme variedade de tribos e povos que remontam a séculos atrás e que são cada um deles baseados em sua própria mitologia. Ao longo da história, contudo, as potências coloniais impuseram divisões territoriais totalmente arbitrárias no norte da África e no mundo árabe, sobrepondo-se a um processo de interação ancestral que havia entre esses povos.

Joseph Campbell costumava descrever esse tipo de evento em termos físicos. Ele dizia que era como se você tivesse uma caixa com uma entrada de ar superaquecido de um lado e, do lado oposto, uma entrada de ar super-resfriado – e, no meio da caixa, houvesse uma barreira entre as correntes de ar. Esse divisor, no caso, é a perspectiva mitológica dominante, geralmente personificada em algum rei, governante ou líder religioso, que mantém as forças afastadas. Só que chega um momento em que a pressão interna é muito grande, e a barreira se rompe. E, sem a barreira que os separava, o ar quente e o frio movem-se um em direção ao outro, entram em choque e geram um tremendo quadro tempestuoso. Porém, chega um momento em que toda essa tormenta eventualmente também se resolve, transformando-se numa chuva que cai de volta para a terra, irrigando e alimentando o solo. Antes disso, contudo, é preciso passar por esse período de choque entre as forças, já que havia um tampão artificial entre elas.

Robert Walter pergunta:

O QUE FAZ O SENHOR SORRIR?

Stanislav Grof responde:

Acredito que, com uma compreensão mais profunda da realidade, na verdade podemos chegar a um ponto em que somos capazes de abraçar toda a criação, em que somos capazes de desfrutar a vida exatamente como ela é, mesmo sabendo que ela tem um lado sombrio. Há uma história que toca nessa questão, quando o escritor norte-americano Ram Dass estava com seu guru Neem Karoli Baba, nos Himalaias, e perguntou: "Guruji, o que o senhor acha deste mundo?". Karoli Baba respondeu: "Ah, este mundo é muito bonito, ele é perfeito". Ram Dass, então, questionou: "Mas o que o senhor quer dizer com perfeito, com tanta guerra, doenças terríveis, tanta dor?". E Karoli Baba disse: "Ele é perfeito; incluindo a sua insatisfação com ele, incluindo qualquer coisa que você possa fazer para melhorá-lo. Ele é perfeito". Isso, claro, não significa que o mundo é perfeito como um *status quo*, mas que ele é perfeito como um processo.

BIBLIOGRAFIA

A Bíblia (Tradução Ecumênica), Loyola.

ADYASHANTI, *Emptiness dancing,* Sounds True.

ATTAR, Farid ud-Din, *A conferência dos pássaros,* Cultrix.

ALVES, Castro, *Poesias de Castro Alves – vol. 2,* Conduta.

'ARABI, Ibn, *A alquimia da felicidade perfeita,* Landy.

BACHELARD, Gaston, *A água e os sonhos,* WMF Martins Fontes.

BACHELARD, Gaston, *A terra e os devaneios do repouso,* WMF Martins Fontes.

BACHELARD, Gaston, *A terra e os devaneios da vontade,* WMF Martins Fontes.

BARROS, Manoel de, *Poesia completa,* Leya.

BASHÔ, Matsuo, *Trilha estreita ao confim,* Iluminuras.

BAUDELAIRE, Charles, *Pequenos poemas em prosa,* Athena.

BERG, Yehuda, *Kabbalah: the power to change everything,* Kabbalah Publishing.

BERG, Yehuda, *O poder da cabala,* Imago.

BERG, Yehuda, *Tune-ups – A day-to-day guide for making your life better,* Kabbalah Publishing.

BERG, Yehuda, *Os 72 nomes de Deus,* Rocco.

BIERCE, Ambrose, *The devil's dictionary,* Oxford University Press.

BLAKE, William, *O matrimônio do céu e do inferno,* Iluminuras.

BLAVATSKY, Helena P., *A doutrina secreta,* Pensamento.

BORGES, Jorge Luis, *Obras completas,* Globo.

BOURRE, Jean-Paul (org.), *Princípios de vida – Tradição indígena norte--americana,* Nova Era.

BRECHT, Bertolt, *Histórias do sr. Keuner,* Editora 34.

BUDA (Sidarta Gautama); COHEN, Nissin (trad.), *Dhammapada,* Palas Athena.

BURROUGHS, William; GINSBERG, Allen, *Cartas do Yage,* L&PM.

CAMPBELL, Joseph, *O herói de mil faces,* Pensamento.

CAMPBELL, Joseph, *As máscaras de Deus – vol. 2: mitologia oriental,* Palas Athena.

CAMPBELL, Joseph, *As máscaras de Deus – vol. 3: mitologia ocidental,* Palas Athena.

CAMPBELL, Joseph, *O poder do mito,* Palas Athena.

CAMPBELL, Joseph, *Tu és isso,* Madras.

CAPRA, Fritjof, *O ponto de mutação,* Cultrix.

CAPRA, Fritjof, *O Tao da física,* Cultrix.

CASTANEDA, Carlos, *Porta para o infinito,* Nova Era.

CASTANEDA, Carlos, *Uma estranha realidade,* Nova Era.

CHEVALIER, Jean; GHEERBRANT, Alain, *Dicionário de símbolos,* José Olympio.

CHOPRA, Deepak, *A realização espontânea do desejo,* Rocco.

CHOPRA, Deepak, *As sete leis espirituais do sucesso,* Best Seller.

CONFÚCIO, *Os analectos,* Martins Fontes – selo Martins.

DESHIMARU, Taisen, *A tigela e o bastão – 120 contos zen,* Pensamento.

DONIGER, Wendy (ed.), *Merriam-Webster's encyclopedia of world religions,* Merriam-Webster.

DUARTE, Rogério (trad.), *Bhagavad Gita – Canção do Divino Mestre,* Companhia das Letras.

ECKHART, Mestre, *Sobre o desprendimento,* WMF Martins Fontes.

EINSTEIN, Albert, *Como vejo o mundo,* Nova Fronteira.

EINSTEIN, Albert, *Escritos da maturidade,* Nova Fronteira.

ELIADE, Mircea, *O conhecimento sagrado de todas as eras,* Mercuryo.

ELIADE, Mircea, *Mito do eterno retorno,* Mercuryo.

ELIADE, Mircea, *Tratado de história das religiões,* WMF Martins Fontes.

ELIADE, Mircea, *O xamanismo e as técnicas arcaicas do êxtase,* Martins Fontes – selo Martins.

ESTÉS, Clarissa Pinkola, *Mulheres que correm com os lobos,* Rocco.

EVANS-WENTZ, W. Y. (org.), *O livro tibetano dos mortos,* Pensamento.

EVANS-WENTZ, W. Y., *O livro tibetano da grande liberação,* Pensamento.

FREEMAN, Laurence; JINPA, Geshe Thupten, *O Dalai Lama fala de Jesus,* Fissus.

FREEMAN, Laurence, *Jesus, o mestre interior,* WMF Martins Fontes.

FREEMAN, Laurence, *A luz que vem de dentro,* Paulus.

FREEMAN, Laurence, *Olhos do coração,* Palas Athena.

FREIRE, Paulo; HORTON, Myles, *O caminho se faz caminhando – Conversas sobre educação e mudança social,* Vozes.

GAIARSA, José Angelo, *Respiração, angústia e renascimento,* Ícone.

GIBRAN, Khalil, *O profeta,* Claridade.

GOSWAMI, Amit, *O ativista quântico,* Aleph.

GOSWAMI, Amit, *Criatividade quântica,* Aleph.

GOSWAMI, Amit, *Deus não está morto,* Aleph.

GOSWAMI, Amit, *A física da alma,* Aleph.

GOSWAMI, Amit, *O universo autoconsciente,* Aleph.

GRIFFITHS, Bede, *Essential writings,* Orbis Books.

GROF, Stanislav, *A aventura da autodescoberta,* Summus.

GROF, Stanislav; GROF, Christina, *Emergência espiritual,* Cultrix.

GROF, Stanislav, *A mente holotrópica,* Rocco.

GROF, Stanislav, *Psicologia do futuro,* Heresis.

GROF, Stanislav, *Quando o impossível acontece,* Heresis.

GURDJIEFF, G. I., *Encontro com homens notáveis,* Pensamento.

HAETINGER, Herwig (org.), *Poemas, pensamentos – Reflexões para o nosso tempo,* Antroposófica.

HESSE, Hermann, *O jogo das contas de vidro,* Record.

HESSE, Hermann, *Para ler e pensar,* Record.

HESSE, Hermann, *Sidarta,* Record.

HUXLEY, Aldous, *A filosofia perene,* Cultrix.

HUXLEY, Aldous, *Moksha,* Globo.

HUXLEY, Aldous, *As portas da percepção & Céu e inferno,* Globo.

JAMES, William, *As variedades da experiência religiosa,* Cultrix.

JUNG, Carl Gustav, *O homem e seus símbolos,* Nova Fronteira.

JUNG, Carl Gustav, *Memorias, sonhos, reflexões,* Nova Fronteira.

JUNG, Carl Gustav, *Psicologia e religião,* Vozes.

JUNG, Carl Gustav; WILHELM, Richard, *O segredo da flor de ouro,* Vozes.

KRISHNAMURTI, *A primeira e a última liberdade,* Cultrix.

KUMAR, Satish, *Bússola espiritual: as três qualidades de vida segundo o Bhagavad Gita,* Pensamento.

KUMAR, Satish, *Earth Pilgrim,* Green Books.

KUMAR, Satish, *No destination – autobiography of an Earth Pilgrim,* Green Books.

KUMAR, Satish, *You are therefore I am: a declaration of dependence,* Green Books.

LABATE, Beatriz Caiuby, *A reinvenção do uso da ayahuasca nos centros urbanos,* Mercado das Letras.

LABATE, Beatriz Caiuby; ARAÚJO, Wladimyr S. (orgs.), *O uso ritual da ayahuasca,* Mercado das Letras.

LAO-TZU, *Tao-Te King,* Pensamento.

LAWRENCE, D. H., *Apocalipse & O homem que morreu,* Companhia das Letras.

LEBOYER, Frédérick, *Nascer sorrindo,* Brasiliense.

LEBOYER, Frédérick, *Se me contassem o parto,* Ground.

LEE, Bruce, *Aforismos,* Conrad.

LELOUP, Jean-Yves, *O absurdo e a graça,* Verus.

LELOUP, Jean-Yves, *A arte da atenção – Para viver cada instante em sua plenitude,* Verus.

LELOUP, Jean-Yves, *Caminhos da realização,* Vozes.

LELOUP, Jean-Yves, *Deus não existe!... Eu rezo para Ele todos os dias – Uma leitura do Pai Nosso,* Vozes.

LELOUP, Jean-Yves, *A sabedoria do salgueiro,* Verus.

LISPECTOR, Clarice, *Aprendendo a viver,* Rocco.

LISPECTOR, Clarice, *Entrevistas,* Rocco.

LOVELOCK, James, *Gaia – Cura para um planeta doente,* Cultrix.

LOWEN, Alexander, *Medo da vida,* Summus.

MANN, Thomas, *As cabeças trocadas,* Nova Fronteira.

MAUTNER, Jorge, *Mitologia do Kaos,* Azougue.

METZNER, Ralph, *Ayahuasca,* Gryphus.

MILLER, Susan, *Planetas e possibilidades*, Best Seller.

MILLER, Susan; SOLTIS, Linda Devito, *The Astrology book of days: an illustrated perpetual calendar,* Warner Books.

MONTAIGNE, Michel de, *Essais – Livre III,* Gallimard.

MORAES, Vinicius de, *Para viver um grande amor,* José Olympio.

NERUDA, Pablo, *Livro das perguntas,* Cosac Naify.

NAIMY, Mikhail, *O livro de Mirdad,* Rosacruz.

NIETZSCHE, Friedrich, *Assim falava Zaratustra,* Vozes.

NIETZSCHE, Friedrich, *Aurora,* Companhia das Letras.

NIETZSCHE, Friedrich, *Humano, demasiado humano,* Companhia das Letras.

NOVALIS, *Fragmentos,* Assírio & Alvim.

NOVALIS, *Pólen,* Iluminuras.

ORR, Leonard; RAY, Sondra, *Renascimento na nova era,* Gente.

ORR, Leonard, *Breaking the death habit: the science of everlasting life,* Frog Books.

OSHO, *Aprendendo a silenciar a mente,* Sextante.

OSHO, *A descoberta do Buda,* Cultrix.

OSHO, *Faça o seu coração vibrar,* Sextante.

OSHO, *O homem que amava as gaivotas,* Verus.

OSHO, *O livro da transformação,* Sextante.

Os Pensadores – Pré-Socráticos, Nova Cultural.

PEARCE, Joseph Chilton, *A criança mágica,* Francisco Alves.

PERLS, Frederick S., *Escarafunchando Fritz – Dentro e fora da lata de lixo,* Summus.

PERLS, Frederick S., *Gestalt-terapia explicada,* Summus.

PESSOA, Fernando, *Livro do desassossego,* Brasiliense.

PIERRAKOS, Eva, *O caminho da autotransformação,* Cultrix.

PIERRAKOS, Eva; SALY, Judith, *Criando união,* Cultrix.

PIERRAKOS, Eva; THESENGA, Donovan, *Entrega ao Deus interior,* Cultrix.

PIERRAKOS, Eva; THESENGA, Donovan, *Não temas o mal,* Cultrix.

PRABHUPÃDA, A. C. Bhaktivedanta Swami, *O Bhagavad-Gita como ele é,* Fundação Bhaktivedanta.

QUINTANA, Mario, *Caderno H,* Globo.

REICH, Wilhelm, *Análise do caráter,* Martins Fontes - selo Martins.

REICH, Wilhelm, *O assassinato de Cristo,* Martins Fontes – selo Martins.

RILKE, Rainer Maria, *Cartas a um jovem poeta,* Globo.

RILKE, Rainer Maria, *Histórias de Deus,* Padrões Culturais.

ROOB, Alexander, *Alquimia & misticismo,* Taschen.

ROSA, João Guimarães, *Grande sertão: veredas,* Nova Fronteira.

RUMI, Jalal ud-Din, *Poemas místicos,* Attar.

SARAMAGO, José, *O evangelho segundo Jesus Cristo,* Companhia das Letras.

SEATTLE, Cacique, *Carta do Cacique Seattle,* Versal.

SHAKESPEARE, William, *The complete works of William Shakespeare,* Wordsworth Editions.

STEINER, Rudolf, *Aforismos, versos e textos diversos* – antologia da obra de Steiner disponível no site da Sociedade Antroposófica do Brasil (www.sab.org.br/steiner/aforismos.htm).

STEVENS, Barry, *Não apresse o rio (ele corre sozinho),* Summus.

STEVENS, John. O., *Tornar-se presente,* Summus.

SURYA DAS, Lama, *De agora em diante uma pessoa diferente,* Rocco.

SURYA DAS, Lama, *O despertar do Buda interior,* Rocco.

SURYA DAS, Lama, *O despertar do coração budista,* Rocco.

SURYA DAS, Lama, *O despertar para o sagrado,* Rocco.

SURYA DAS, Lama, *The mind is mightier than the sword,* Three Rivers Press.

SURYA DAS, Lama, *Words of wisdom,* Koa Books.

SUZUKI, Shunryu, *Mente zen, mente de principiante,* Palas Athena.

TAGORE, Rabindranath, *O coração de Deus,* Ediouro.

TAVARES, Gonçalo M., *1,* Bertrand Brasil.

THESENGA, Susan, *O eu sem defesas,* Cultrix.

THOREAU, Henry D., *Walden ou a vida nos bosques,* Global.

TOLLE, Eckhart, *O poder do agora,* Sextante.

TOLSTÓI, Leon, *Onde existe amor, Deus aí está,* Verus.

TSUNETOMO, Yamamoto, *Hagakure – o livro do samurai,* Conrad.

TZU, Sun, *A arte da guerra,* Paz e Terra.

VALÉRY, Paul, *A alma e a dança,* Imago.

VIEIRA, Padre Antônio, *Sermões – vol. 1,* Hedra.

VIEIRA, Padre Antônio, *Sermões – vol. 2,* Hedra.

WATSON, Donald (org.), *The dictionary of mind and spirit,* Avon Books.

WEBER, Renée, *Diálogos com cientistas e sábios,* Cultrix.

WILDE, Oscar, *Aforismos,* Newton.

WILHELM, Richard (trad.), *I Ching – O livro das mutações,* Pensamento.

WILHELM, Richard, *A sabedoria do I Ching,* Pensamento.

YOGANANDA, Paramahansa, *Autobiografia de um iogue,* Lótus do Saber.

Compartilhe a sua opinião
sobre este livro usando a hashtag
#PalavrasDePoder
nas nossas redes sociais:

/EditoraAlaude
/EditoraAlaude
/AlaudeEditora